国家出版基金项目
NATIONAL PUBLICATION FOUNDATION

中国特色社会主义根本政治制度
人民代表大会制度纪实



# 人大监督工作纪实（目录）

主 编 曾庆辉 副主编 邱 晶

中国出版集团
中国民主法制出版社
全国百佳图书
出 版 单 位

**图书在版编目（CIP）数据**

人大监督工作纪实：目录/曾庆辉主编；邱晶副主编．—北京：中国民主法制出版社，2024.4

（中国特色社会主义根本政治制度：人民代表大会制度纪实 / 杨积堂，吴高盛主编）

ISBN 978-7-5162-3572-0

Ⅰ.①人… Ⅱ.①曾… ②邱… Ⅲ.①全国人民代表大会—监督—工作 Ⅳ.①D622

中国国家版本馆 CIP 数据核字（2024）第 065291 号

**图书出品人**：刘海涛
**出 版 统 筹**：贾兵伟
**责 任 编 辑**：张　霞

---

**书名**/人大监督工作纪实（目录）
**作者**/主　编　曾庆辉　　副主编　邱　晶

---

**出版·发行**/中国民主法制出版社
**地址**/北京市丰台区右安门外玉林里 7 号（100069）
**电话**/（010）63055259（总编室）　83910658　63056573（人大系统发行）
**传真**/（010）63055259
**http**：// www. npcpub. com
**E-mail**：mzfz@ npcpub. com
**开本**/16 开　700 毫米 × 1000 毫米
**印张**/12　**字数**/116 千字
**版本**/2024 年 6 月第 1 版　2024 年 6 月第 1 次印刷
**印刷**/三河市宏图印务有限公司

---

**书号**/ISBN 978-7-5162-3572-0
**定价**/45. 00 元

中国特色社会主义根本政治制度
——人民代表大会制度纪实

# 编委会

# 出版说明

“乔木亭亭倚盖苍，栉风沐雨自担当。”在第一届全国人民代表大会第一次会议上，毛泽东同志向世人宣告：“我们正在做我们的前人从来没有做过的极其光荣伟大的事业。我们的目的一定要达到。我们的目的一定能够达到。”

从1954到2024年，人民代表大会制度已走过70年。为记录人民代表大会制度发展历程，宣传中国特色社会主义根本政治制度，阐释中国特色社会主义道路自信、制度自信，中国民主法制出版社于2017年策划“中国特色社会主义根本政治制度——人民代表大会制度纪实”项目，计划用1600万字20册图书，对人民代表大会制度在我国的建立发展进行较完整的记录。

历时6年，几易框架，无数次讨论修改，最终收稿3000万字。3000万字分理论和纪实两大部分，详述人民代表大会的制度总论、发展历程、自身建设及立法、重大事项决定、选举任免、监督、代表、会议、对外交往等重要工作。理论部分340余万字，其中自身建设、重大事项和对外交往三个板块根据工作实际和写作安排，理论纪实合为一册，归入理论板块。立法、监督、选举任免、代表工作、会议五个板块的纪实部分共计2600余万字。两大部分通过梳理历届全国人民代表大会会议议程，记录我国根本政治制度的发展历程；通过收录全国人民代表大会及其常务委员会会议作出的决定、批准的重大事项等文件及各专门委员会的文件、报告，为研究中国特色人民代表大会制度整理、保存重要文献，宣传实现我国全过程人民民主的重要制度载体的工作机制。

为保持项目的完整性和对人民代表大会制度记录的客观性，同时适应新时代资料保存查阅的新方式新手段，经多次组织专家讨论、内部研究，项目用 20 册图书、40 个视频、1 个数据库将这 3000 余万字全部收录，将人民代表大会制度 70 年的历程完整记录、如实呈现。其中人大立法工作纪实、人大监督工作纪实、人大会议工作纪实的具体内容均收入“人民代表大会制度纪实”数据库，目录作为索引以图书形式呈现。

项目实施过程中，从总顾问王汉斌同志、编委会主任乔晓阳同志，到刚入校门的大学生，先后百余人参与其中。从框架搭建、内容研讨、资料收集、板块汇编、归类整理到书稿撰写、初稿审读、编辑加工，我们遇到许多意想不到的困难，好在“众人拾柴火焰高”，各方都投入了极大热情，这些困难也一一得到克服。其间，全国人大图书馆、全国人大有关同志给予了我们雪中送炭般的支持。

人民代表大会制度植根于中国历史文化沃土，蕴含着中华文明丰富的政治智慧和治理经验，体现了天下为公、天下大同的社会理想，九州共贯、多元一体的大一统传统，民惟邦本、本固邦宁的民本思想，德主刑辅、法明令行的法治精神。新的伟大征程上，我们要更加坚定制度自信，不断发展具有强大生命力的全过程人民民主。

2024年是中华人民共和国成立75周年，也是全国人民代表大会成立70周年、地方人大设立常委会45周年，谨以“中国特色社会主义根本政治制度——人民代表大会制度纪实”向祖国献礼！

“六年磨一剑”，其中一定还有许多疏漏和不足，我们希望“中国特色社会主义根本政治制度——人民代表大会制度纪实”项目能为坚持好、完善好、运行好人民代表大会制度尽微薄之力。

2024年6月

# 总序

习近平总书记指出，人民代表大会制度是坚持党的领导、人民当家作主、依法治国有机统一的根本政治制度安排，是党领导国家政权机关的重要制度载体。100 多年前，中国共产党一经诞生，就把为中国人民谋幸福、为中华民族谋复兴确立为自己的初心和使命，为实现人民当家作主进行了不懈探索和奋斗。在新民主主义革命时期，以毛泽东同志为主要代表的中国共产党人，创造性地提出实行人民代表大会制度的构想。1945 年 4 月，毛泽东同志就说："新民主主义的政权组织，应该采取民主集中制，由各级人民代表大会决定大政方针，选举政府。它是民主的，又是集中的，就是说，在民主基础上的集中，在集中指导下的民主。只有这个制度，才既能表现广泛的民主，使各级人民代表大会有高度的权力；又能集中处理国事，使各级政府能集中地处理被各级人民代表大会所委托的一切事务，并保障人民的一切必要的民主活动。"1954 年 9 月，第一届全国人民代表大会第一次会议召开，通过了《中华人民共和国宪法》，标志着人民代表大会制度这一国家根本政治制度正式建立。

经过 70 年的实践发展，人民代表大会制度更加成熟、更加定型，焕发出蓬勃生机活力。2021 年 10 月 13 日习近平在中央人大工作会议上的讲话中强调："实践证明，人民代表大会制度是符合我国国情和实际、体现社会主义国家性质、保证人民当家作主、保障实现中华民族伟大复兴的好制度，是我们党领导人民在人类政治制度史上的伟大创造，是在我国政治发展史乃至世界政治发展史上具有重大意义的全新政治制度。”

70 年来，在中国共产党的领导下，全国人大及其常委会、地方各级人大及其常委会不断探索实践、创新发展，人民代表大会制度的理论体系不断完善，人大工作积累了极其丰富的实践成果。这些理论和实践成果，是进一步坚持好、完善好、运行好人民代表大会制度的重要基石。为了深入贯彻习近平总书记关于坚持和完善人民代表大会制度的重要思想，积极发展全过程人民民主，健全人民当家作主制度体系，继往开来，守正创新，开创人大工作新局面，中国民主法制出版社组织立法机关有关同志、从事人大理论研究的相关学者和人大工作领域的实务专家，对人民代表大会制度的理论和实践进行了全面梳理，形成了“中国特色社会主义根本政治制度——人民代表大会制度纪实”项目，并获得了国家出版基金资助。

项目从人民代表大会制度总论、人民代表大会制度发展历程、人大代表选举制度和人大人事任免制度、人大立法制度、人大代表工作制度、人大讨论决定重大事项制度、人大监督制度、人大会议制度、人大自身建设、人大对外交往工作等十个方面，阐述了“中国特色社会主义根本政治制度——人民代表大会制度”的制度创建、自身建设和发展历程，全面梳理了人大行使立法、监督、决定、选举任免等职权的制度体系，并对人大会议制度、人大代表工作、人大对外交往工作做了详尽汇览。

项目在实施过程中，力图在梳理理论体系的同时，尽量根据现有文献和资料，将人民代表大会制度发展进程中和人大工作全过程各环节相关制度成果加以汇总，为现在和未来的人大工作者、人大理论研究者提供尽可能翔实的人大知识宝库。

这是迄今为止收录内容最为完整的一套人大纪实丛书，为了体现中国特色社会主义根本政治制度的伟力，让更多国人了解和熟悉这一制度的逻辑，每一板块我们都进行了导读设计，从而更有利于读者提纲挈领地加以掌握。

今年是中华人民共和国成立 75 周年，也是全国人民代表大会成立 70 周年。我们谨以“中国特色社会主义根本政治制度——人民代表大会制度纪实”项目，向人民代表大会制度致敬，向祖国献礼。

乔晓阳

2024 年 6 月

# 前言

监督权是宪法赋予人大的重要职权，这项职权的行使，需要有相应的法律使之规范化、程序化。监督法的制定工作，早在六届全国人大期间就开始酝酿研究。2006 年 8 月 27 日，监督法在制定工作历时二十年后终获通过。监督法的颁布实施，是完善人民代表大会制度的一项重要举措，对于各级人大常委会依法行使监督职权，健全监督机制，加强监督实效，促进依法行政、公正司法，更好地发挥人民代表大会制度的特点和优势，推进社会主义民主法治建设都具有重大的现实意义和深远的历史意义。

监督法共九章。第一章总则；第二章听取和审议人民政府、人民法院和人民检察院的专项工作报告；第三章审查和批准决算，听取和审议国民经济和社会发展计划、预算的执行情况报告，听取和审议审计工作报告；第四章法律法规实施情况的检查；第五章规范性文件的备案审查；第六章询问和质询；第七章特定问题调查；第八章撤职案的审议和决定；第九章附则。

第二章至第五章分别为听取和审议人民政府、人民法院和人民检察院的专项工作报告，计划和预算监督，法律法规实施情况的检查，规范性文件的备案审查，这四种监督方式属于各级人大常委会的常规监督方式。第六、七、八章分别为询问和质询、特定问题调查、撤职案，这三种监督方式属于非常规监督方式，也称为“刚性监督”，但在实际工作中各级人大常委会较少使用，资料也较少。本书主要收集整理监督法第二章至第五章这四种常规监督方式的相关资料。每种监督方式按照监督内容的不同予以细分，再按照监督的时间先后进行排序。

为更好地保存原始资料，也更方便读者查询，《人大监督工作纪实》具体内容收入“人民代表大会制度纪实”数据库，目录作为全书索引出版。

目录

# 第一章　听取和审议专项工作报告

## 第一节　政府工作报告

### 一、国务院政府工作报告

1954 年政府工作报告——1954 年 9 月 23 日在第一届全国人民代表大会第一次会议上　国务院总理　周恩来

1955 年政府工作报告——1955 年 7 月 5 日至 6 日在第一届全国人民代表大会第二次会议上　国务院副总理兼国家计划委员会主任　李富春

1956 年政府工作报告——1956 年 6 月 15 日在第一届全国人民代表大会第三次会议上　国务院副总理兼财政部部长　李先念

1957 年政府工作报告——1957 年 6 月 26 日在第一届全国人民代表大会第四次会议上　国务院总理　周恩来

1958 年政府工作报告——1958 年 2 月 3 日在第一届全国人民代表大会第五次会议上　国务院副总理兼国家经济委员会主任　薄一波

1959 年政府工作报告——1959 年 4 月 18 日在第二届全国人民代表大会第一次会议上　国务院总理　周恩来

1960 年政府工作报告——1960 年 4 月 6 日在第二届全国人民代表大会第二次会议上　国务院副总理　谭震林

1964 年政府工作报告（摘要）——1964 年 12 月 21 日和 22 日在第三届全国人民代表大会第一次会议上　国务院总理　周

恩来

1975 年政府工作报告——1975 年 1 月 13 日在第四届全国人民代表大会第一次会议上　国务院总理　周恩来

1978 年政府工作报告——1978 年 2 月 26 日在第五届全国人民代表大会第一次会议上　国务院总理　华国锋

1979 年政府工作报告——1979 年 6 月 18 日在第五届全国人民代表大会第二次会议上　国务院总理　华国锋

1980 年政府工作报告——1980 年 8 月 30 日在第五届全国人民代表大会第三次会议上　国务院副总理兼国家计划委员会主任　姚依林

1981 年政府工作报告——1981 年 11 月 30 日和 12 月 1 日在第五届全国人民代表大会第四次会议上　国务院总理

1982 年政府工作报告——1982 年 11 月 30 日在第五届全国人民代表大会第五次会议上　国务院总理

1983 年政府工作报告——1983 年 6 月 6 日在第六届全国人民代表大会第一次会议上　国务院总理

1984 年政府工作报告——1984 年 5 月 15 日在第六届全国人民代表大会第二次会议上　国务院总理

1985 年政府工作报告——1985 年 3 月 27 日在第六届全国人民代表大会第三次会议上　国务院总理

1986 年政府工作报告——1986 年 3 月 25 日在第六届全国人民代表大会第四次会议上　国务院总理

1987 年政府工作报告——1987 年 3 月 25 日在第六届全国人民代表大会第五次会议上　国务院总理

1988 年政府工作报告——1988 年 3 月 25 日在第七届全国人民代表大会第一次会议上　国务院代总理　李鹏

1989年政府工作报告——1989年3月20日在第七届全国人民代表大会第二次会议上　国务院总理　李鹏

1990年政府工作报告——1990年3月20日在第七届全国人民代表大会第三次会议上　国务院总理　李鹏

1991年政府工作报告——1991年3月26日在第七届全国人民代表大会第四次会议上　国务委员兼国家计划委员会主任　邹家华

1992年政府工作报告——1992年3月20日在第七届全国人民代表大会第五次会议上　国务院总理　李鹏

1993年政府工作报告——1993年3月15日在第八届全国人民代表大会第一次会议上　国务院总理　李鹏

1994年政府工作报告——1994年3月10日在第八届全国人民代表大会第二次会议上　国务院总理　李鹏

1995年政府工作报告——1995年3月5日在第八届全国人民代表大会第三次会议上　国务院总理　李鹏

1996年政府工作报告——1996年3月5日在第八届全国人民代表大会第四次会议上　国务院总理　李鹏

1997年政府工作报告——1997年3月1日在第八届全国人民代表大会第五次会议上　国务院总理　李鹏

1998年政府工作报告——1998年3月5日在第九届全国人民代表大会第一次会议上　国务院总理　李鹏

1999年政府工作报告——1999年3月5日在第九届全国人民代表大会第二次会议上　国务院总理　朱镕基

2000年政府工作报告——2000年3月5日在第九届全国人民代表大会第三次会议上　国务院总理　朱镕基

2001年政府工作报告——2001年3月5日在第九届全国人民代表大会第四次会议上　国务院总理　朱镕基

2002 年政府工作报告——2002 年 3 月 5 日在第九届全国人民代表大会第五次会议上　国务院总理　朱镕基

2003 年政府工作报告——2003 年 3 月 5 日在第十届全国人民代表大会第一次会议上　国务院总理　朱镕基

2004 年政府工作报告——2004 年 3 月 5 日在第十届全国人民代表大会第二次会议上　国务院总理　温家宝

2005 年政府工作报告——2005 年 3 月 5 日在第十届全国人民代表大会第三次会议上　国务院总理　温家宝

2006 年政府工作报告——2006 年 3 月 5 日在第十届全国人民代表大会第四次会议上　国务院总理　温家宝

2007 年政府工作报告——2007 年 3 月 5 日在第十届全国人民代表大会第五次会议上　国务院总理　温家宝

2008 年政府工作报告——2008 年 3 月 5 日在第十一届全国人民代表大会第一次会议上　国务院总理　温家宝

2009 年政府工作报告——2009 年 3 月 5 日在第十一届全国人民代表大会第二次会议上　国务院总理　温家宝

2010 年政府工作报告——2010 年 3 月 5 日在第十一届全国人民代表大会第三次会议上　国务院总理　温家宝

2011 年政府工作报告——2011 年 3 月 5 日在第十一届全国人民代表大会第四次会议上　国务院总理　温家宝

2012 年政府工作报告——2012 年 3 月 5 日在第十一届全国人民代表大会第五次会议上　国务院总理　温家宝

2013 年政府工作报告——2013 年 3 月 5 日在第十二届全国人民代表大会第一次会议上　国务院总理　温家宝

2014 年政府工作报告——2014 年 3 月 5 日在第十二届全国人民代表大会第二次会议上　国务院总理　李克强

2015年政府工作报告——2015年3月5日在第十二届全国人民代表大会第三次会议上　国务院总理　李克强

2016年政府工作报告——2016年3月5日在第十二届全国人民代表大会第四次会议上　国务院总理　李克强

2017年政府工作报告——2017年3月5日在第十二届全国人民代表大会第五次会议上　国务院总理　李克强

2018年政府工作报告——2018年3月5日在第十三届全国人民代表大会第一次会议上　国务院总理　李克强

2019年政府工作报告——2019年3月5日在第十三届全国人民代表大会第二次会议上　国务院总理　李克强

2020年政府工作报告——2020年5月22日在第十三届全国人民代表大会第三次会议上　国务院总理　李克强

2021年政府工作报告——2021年3月5日在第十三届全国人民代表大会第四次会议上　国务院总理　李克强

2022年政府工作报告——2022年3月5日在第十三届全国人民代表大会第五次会议上　国务院总理　李克强

2023年政府工作报告——2023年3月5日在第十四届全国人民代表大会第一次会议上　国务院总理　李克强

## 二、政府专项工作报告

（一）国家建设工程

1. 脱贫攻坚

国务院关于农村扶贫开发工作情况的报告——2013年12月25日在第十二届全国人民代表大会常务委员会第六次会议上　国务院扶贫开发领导小组办公室主任　刘永富

对农村扶贫开发工作情况报告的意见和建议——2013年12月26日

国务院关于脱贫攻坚工作情况的报告——2017 年 8 月 29 日在第十二届全国人民代表大会常务委员会第二十九次会议上　国务院扶贫开发领导小组办公室主任　刘永富

对脱贫攻坚工作情况报告的意见和建议——2017 年 8 月 30 日

全国人民代表大会常务委员会专题调研组关于脱贫攻坚工作情况的调研报告——2019 年 2 月 26 日在第十三届全国人民代表大会常务委员会第九次会议上　全国人大常委会副委员长　武维华

国务院关于巩固拓展脱贫攻坚成果同乡村振兴有效衔接情况的报告——2022 年 6 月 21 日在第十三届全国人民代表大会常务委员会第三十五次会议上　国家乡村振兴局局长　刘焕鑫

2. 西部大开发

国务院关于深入实施西部大开发战略情况的报告——2013 年 10 月 22 日在第十二届全国人民代表大会常务委员会第五次会议上　国家发展和改革委员会主任　徐绍史

对深入实施西部大开发战略情况报告的意见和建议——2013 年 10 月 24 日

3. 改革

国务院关于集体林权制度改革工作情况的报告——2011 年 4 月 20 日在第十一届全国人民代表大会常务委员会第二十次会议上　国家林业局局长　贾治邦

国务院关于深化行政审批制度改革　加快政府职能转变工作情况的报告——2014 年 8 月 27 日在第十二届全国人民代表大会常务委员会第十次会议上　国务委员兼国务院秘书长　杨晶

对深化行政审批制度改革　加快政府职能转变工作情况报告的意见和建议——2014 年 8 月 28 日

国务院关于“证照分离”改革涉及暂时调整适用法律有关情况的中期报告——2022 年 12 月 28 日

（二）国家经济发展

1. 国有资产管理

国务院关于国有资产管理与体制改革情况的报告——2016 年 6 月 30 日在第十二届全国人民代表大会常务委员会第二十一次会议上　国务院国有资产监督管理委员会主任　肖亚庆

对国有资产管理与体制改革情况报告的意见和建议——2016 年 7 月 1 日

国务院关于 2017 年度国有资产管理情况的综合报告——2018 年 10 月 24 日在第十三届全国人民代表大会常务委员会第六次会议上

国务院关于 2017 年度金融企业国有资产的专项报告——2018 年 10 月 24 日在第十三届全国人民代表大会常务委员会第六次会议上　财政部部长　刘昆

对 2017 年度国有资产管理情况综合报告和 2017 年度金融企业国有资产专项报告的意见和建议——2018 年 10 月 24 日

全国人民代表大会常务委员会预算工作委员会、全国人民代表大会财政经济委员会关于金融企业国有资产管理情况的调研报告——2018 年 10 月 24 日在第十三届全国人民代表大会常务委员会第六次会议上　全国人大常委会预算工作委员会主任　史耀斌

国务院关于 2018 年度国有资产管理情况的综合报告——2019 年 10 月 23 日在第十三届全国人民代表大会常务委员会第十四次会议上　财政部部长　刘昆

国务院关于 2018 年度全国行政事业性国有资产管理情况的专项报告——2019 年 10 月 23 日在第十三届全国人民代表大会常

次会议上　全国人大常委会预算工作委员会主任　史耀斌

2. 企业发展

国务院关于振兴东北老工业基地情况的报告——2005 年 12 月 27 日在第十届全国人民代表大会常务委员会第十九次会议上　国务院振兴东北办公室主任　张国宝

国务院关于增强自主创新能力及加强知识产权工作有关情况的报告——2006 年 4 月 27 日在第十届全国人民代表大会常务委员会第二十一次会议上　科技部部长　徐冠华

国务院关于促进中小企业发展情况的报告——2009 年 12 月 24 日在第十一届全国人民代表大会常务委员会第十二次会议上　工业和信息化部部长　李毅中

国务院关于国有企业改革与发展工作情况的报告——2012 年 10 月 24 日在第十一届全国人民代表大会常务委员会第二十九次会议上　国务院国有资产监督管理委员会主任　王勇

国务院关于安全生产工作情况的报告——2014 年 12 月 23 日在第十二届全国人民代表大会常务委员会第十二次会议上　国家安全生产监督管理总局局长　杨栋梁

对安全生产工作情况报告的意见和建议——2014 年 12 月 23 日

国务院关于自由贸易试验区工作进展情况的报告——2015 年 4 月 22 日在第十二届全国人民代表大会常务委员会第十四次会议上　国务院副总理　汪洋

对自由贸易试验区工作进展情况报告的意见和建议——2015 年 4 月 23 日

国务院关于信息化建设及推动信息化和工业化深度融合发展工作情况的报告——2015 年 6 月 29 日在第十二届全国人民代表

大会常务委员会第十五次会议上　工业和信息化部部长　苗圩

对信息化建设及推动信息化和工业化深度融合发展工作情况报告的意见和建议——2015 年 6 月 29 日

国务院关于推进供给侧结构性改革　加快制造业转型升级工作情况的报告——2017 年 4 月 24 日在第十二届全国人民代表大会常务委员会第二十七次会议上　工业和信息化部部长　苗圩

对推进供给侧结构性改革　加快制造业转型升级工作情况报告的意见和建议——2017 年 4 月 26 日

国务院关于发展海洋经济加快建设海洋强国工作情况的报告——2018 年 12 月 24 日在第十三届全国人民代表大会常务委员会第七次会议上　国家发展和改革委员会主任　何立峰

对发展海洋经济加快建设海洋强国工作情况报告的意见和建议——2018 年 12 月 27 日

国务院关于加快外贸转型升级　推进贸易高质量发展工作情况的报告——2019 年 10 月 23 日在第十三届全国人民代表大会常务委员会第十四次会议上　商务部部长　钟山

对加快外贸转型升级　推进贸易高质量发展工作情况报告的意见和建议——2019 年 10 月 23 日

3. 资金分配和使用情况

国务院关于今年中央政府投资安排及实施情况的报告——2009 年 10 月 28 日在第十一届全国人民代表大会常务委员会第十一次会议上　国家发展和改革委员会主任　张平

国务院关于国家财政科技资金分配与使用情况的报告——2013 年 10 月 22 日在第十二届全国人民代表大会常务委员会第五次会议上　财政部部长　楼继伟

对国家财政科技资金分配与使用情况报告的意见和建议——

2013 年 10 月 22 日

国务院关于国家财政水利资金投入和使用工作情况的报告——2014 年 12 月 23 日在第十二届全国人民代表大会常务委员会第十二次会议上　财政部部长　楼继伟

对国家财政水利资金投入和使用工作情况报告的意见和建议——2014 年 12 月 24 日

国务院关于国家财政教育资金分配和使用情况的报告——2017 年 12 月 23 日在第十二届全国人民代表大会常务委员会第三十一次会议上　财政部部长　肖捷

对关于国家财政教育资金分配和使用情况的报告的意见和建议——2017 年 12 月 25 日

国务院关于财政医疗卫生资金分配和使用情况的报告——2018 年 12 月 24 日在第十三届全国人民代表大会常务委员会第七次会议上　财政部部长　刘昆

对财政医疗卫生资金分配和使用情况报告的意见和建议——2018 年 12 月 27 日

国务院关于财政生态环保资金分配和使用情况的报告——2019 年 12 月 25 日在第十三届全国人民代表大会常务委员会第十五次会议上　财政部部长　刘昆

对财政生态环保资金分配和使用情况报告的意见和建议——2019 年 12 月 26 日

国务院关于财政农业农村资金分配和使用情况的报告——2020 年 12 月 23 日在第十三届全国人民代表大会常务委员会第二十四次会议上　财政部部长　刘昆

对财政农业农村资金分配和使用情况报告的意见和建议——2020 年 12 月 24 日

国务院关于财政交通运输资金分配和使用情况的报告——2021 年 12 月 21 日在第十三届全国人民代表大会常务委员会第三十二次会议上　财政部副部长　余蔚平

国务院关于财政社会保障资金分配和使用情况的报告——2022 年 12 月 28 日在第十三届全国人民代表大会常务委员会第三十八次会议上　财政部部长　刘昆

4. 税费相关

国务院关于个人所得税专项附加扣除有关情况的报告——2018 年 12 月 24 日在第十三届全国人民代表大会常务委员会第七次会议上　财政部部长　刘昆

国务院关于减税降费工作情况的报告——2019 年 12 月 25 日在第十三届全国人民代表大会常务委员会第十五次会议上　财政部部长　刘昆

对减税降费工作情况报告的意见和建议——2019 年 12 月 26 日

5. 金融工作

国务院关于推进国有商业银行股份制改革　深化金融体制改革工作的报告——2006 年 12 月 26 日在第十届全国人民代表大会常务委员会第二十五次会议上　中国人民银行行长　周小川

国务院关于加强金融宏观调控情况的报告——2008 年 10 月 26 日在第十一届全国人民代表大会常务委员会第五次会议上　中国人民银行行长　周小川

国务院关于积极采取措施应对国际金融危机确保国民经济平稳较快发展情况的报告——2008 年 12 月 24 日在第十一届全国人民代表大会常务委员会第六次会议上　国家发展和改革委员会主任　张平

农村金融的财税、货币、监管政策和农业保险情况——2013

年6月27日

国务院关于农村金融改革发展工作情况的报告——2013年6月27日在第十二届全国人民代表大会常务委员会第三次会议上　中国银行业监督管理委员会主席　尚福林

对农村金融改革发展工作情况报告的意见和建议——2013年6月28日

国务院关于金融工作情况的报告——2022年10月28日在第十三届全国人民代表大会常务委员会第三十七次会议上　中国人民银行行长　易纲

6. 经济发展

国务院关于稳定物价工作的报告——2008年12月24日在第十一届全国人民代表大会常务委员会第六次会议上　国家发展和改革委员会副主任　张茅

国务院关于转变发展方式调整经济结构情况的报告——2009年8月25日在第十一届全国人民代表大会常务委员会第十次会议上　国家发展和改革委员会主任　张平

国务院关于加快转变经济发展方式工作进展情况的报告——2011年12月28日在第十一届全国人民代表大会常务委员会第二十四次会议上　国家发展和改革委员会主任　张平

国务院关于县级基本财力保障机制运行情况的报告——2012年8月29日在第十一届全国人民代表大会常务委员会第二十八次会议上　财政部部长　谢旭人

国务院关于股票发行注册制改革有关工作情况的报告——2020年10月15日在第十三届全国人民代表大会常务委员会第二十二次会议上　中国证券监督管理委员会主席　易会满

关于《全国人民代表大会常务委员会关于加强经济工作监督

国务院关于推动城乡义务教育一体化发展　提高农村义务教育水平工作情况的报告——2018 年 8 月 28 日在第十三届全国人民代表大会常务委员会第五次会议上　教育部部长　陈宝生

对推动城乡义务教育一体化发展　提高农村义务教育水平工作情况报告的意见和建议——2018 年 8 月 30 日

国务院关于学前教育事业改革和发展情况的报告——2019 年 8 月 22 日在第十三届全国人民代表大会常务委员会第十二次会议上　教育部部长　陈宝生

对学前教育事业改革和发展情况报告的意见和建议——2019 年 8 月 24 日

国务院关于教师队伍建设和教师法实施情况的报告——2021 年 10 月 21 日在第十三届全国人民代表大会常务委员会第三十一次会议上　教育部部长　怀进鹏

国务院关于有效减轻过重作业负担和校外培训负担，促进义务教育阶段学生全面健康发展情况的报告——2022 年 10 月 28 日在第十三届全国人民代表大会常务委员会第三十七次会议上　教育部部长　怀进鹏

2. 旅游

国务院关于旅游业发展工作情况的报告——2011 年 12 月 28 日在第十一届全国人民代表大会常务委员会第二十四次会议上　国家旅游局局长　邵琪伟

3. 文化产业发展

国务院关于文化产业发展工作情况的报告——2010 年 4 月 28 日在第十一届全国人民代表大会常务委员会第十四次会议上　文化部部长　蔡武

国务院关于加快发展服务业工作情况的报告——2010 年 12

月22日在第十一届全国人民代表大会常务委员会第十八次会议上　国家发展和改革委员会主任　张平

国务院关于深化文化体制改革、推动社会主义文化大发展大繁荣工作情况的报告——2012年10月24日在第十一届全国人民代表大会常务委员会第二十九次会议上　文化部部长　蔡武

国务院关于公共文化服务体系建设工作情况的报告——2015年4月22日在第十二届全国人民代表大会常务委员会第十四次会议上　文化部部长　雒树刚

对公共文化服务体系建设工作情况报告的意见和建议——2015年4月23日

国务院关于文化遗产工作情况的报告——2017年12月23日在第十二届全国人民代表大会常务委员会第三十一次会议上　文化部部长　雒树刚

对文化遗产工作情况报告的意见和建议——2017年12月25日

国务院关于文化产业发展工作情况的报告——2019年6月26日在第十三届全国人民代表大会常务委员会第十一次会议上　文化和旅游部部长　雒树刚

对文化产业发展工作情况报告的意见和建议——2019年6月27日

4. 文物工作

国务院关于文物工作和文物保护法实施情况的报告——2021年8月18日在第十三届全国人民代表大会常务委员会第三十次会议上　文化和旅游部副部长、国家文物局局长　李群

(四) 社会建设

1. 农业农村建设

国务院关于当前农业和农村工作情况的报告——2006年2月

25 日在第十届全国人民代表大会常务委员会第二十次会议上　农业部部长　杜青林

国务院关于推进社会主义新农村建设情况的报告——2007 年 12 月 26 日在第十届全国人民代表大会常务委员会第三十一次会议上

国务院关于促进农民稳定增收情况的报告——2008 年 8 月 28 日在第十一届全国人民代表大会常务委员会第四次会议上

国务院关于转移农村劳动力，保障农民工权益工作情况的报告——2010 年 4 月 28 日在第十一届全国人民代表大会常务委员会第十四次会议上　人力资源和社会保障部副部长　杨志明

国务院关于农田水利建设工作情况的报告——2012 年 4 月 25 日在第十一届全国人民代表大会常务委员会第二十六次会议上　水利部部长　陈雷

国务院关于推进新农村建设工作情况的报告——2014 年 12 月 23 日在第十二届全国人民代表大会常务委员会第十二次会议上　农业部部长　韩长赋

对推进新农村建设工作情况报告的意见和建议——2014 年 12 月 27 日

国务院关于稳定和完善农村土地承包关系情况的报告——2015 年 8 月 27 日在第十二届全国人民代表大会常务委员会第十六次会议上　农业部部长　韩长赋

对稳定和完善农村土地承包关系情况报告的意见和建议——2015 年 8 月 28 日

国务院关于农林科技创新工作情况的报告——2016 年 12 月 23 日在第十二届全国人民代表大会常务委员会第二十五次会议上　农业部部长　韩长赋

2. 社会治理与社会保障

国务院关于检查加强社会治安综合治理的决定执行情况的报告——1993 年 10 月 19 日在第八届全国人民代表大会常务委员会第四次会议上

国务院关于维护职工合法权益工作情况的报告——2007 年 12 月 26 日在第十届全国人民代表大会常务委员会第三十一次会议上　劳动和社会保障部副部长　孙宝树

国务院关于农村社会保障体系建设情况的报告——2009 年 4 月 22 日在第十一届全国人民代表大会常务委员会第八次会议上　民政部部长　李学举

国务院关于社会救助工作情况的报告——2012 年 10 月 24 日在第十一届全国人民代表大会常务委员会第二十九次会议上

国务院关于统筹推进城乡社会保障体系建设工作情况的报告——2014 年 12 月 23 日在第十二届全国人民代表大会常务委员会第十二次会议上　国务院副总理　马凯

对统筹推进城乡社会保障体系建设工作情况报告的意见和建议——2014 年 12 月 24 日

国务院关于加强社会保障体系建设　助力打好精准脱贫攻坚战　推进社会救助工作情况的报告——2019 年 12 月 25 日在第十三届全国人民代表大会常务委员会第十五次会议上　民政部部长　李纪恒

对加强社会保障体系建设　助力打好精准脱贫攻坚战　推进社会救助工作情况报告的意见和建议——2019 年 12 月 26 日

3. 道路交通

国务院关于加强道路交通安全管理工作情况的报告——2010

情况的报告——2007 年 12 月 26 日在第十届全国人民代表大会常务委员会第三十一次会议上　卫生部部长　陈竺

国务院关于深化医药卫生体制改革工作情况的报告——2010 年 12 月 22 日在第十一届全国人民代表大会常务委员会第十八次会议上　国家发展和改革委员会主任　张平

国务院关于深化医药卫生体制改革工作进展情况的报告——2015 年 12 月 22 日在第十二届全国人民代表大会常务委员会第十八次会议上　国务院医改领导小组副组长、国家卫生和计划生育委员会主任　李斌

对深化医药卫生体制改革工作进展情况报告的意见和建议——2015 年 12 月 25 日

国务院关于药品管理工作情况的报告——2017 年 6 月 22 日在第十二届全国人民代表大会常务委员会第二十八次会议上　国家食品药品监督管理总局局长　毕井泉

国务院关于生育保险和职工基本医疗保险合并实施试点情况的总结报告——2018 年 12 月 23 日在第十三届全国人民代表大会常务委员会第七次会议上

国务院关于儿童健康促进工作情况的报告——2022 年 6 月 21 日在第十三届全国人民代表大会常务委员会第三十五次会议上　国家卫生健康委员会主任　马晓伟

6. 粮食安全

国务院关于国家粮食安全工作情况的报告——2010 年 8 月 26 日在第十一届全国人民代表大会常务委员会第十六次会议上　国家发展和改革委员会主任　张平

7. 消防

国务院关于消防工作情况的报告——2011 年 6 月 29 日在第

25日在第十三届全国人民代表大会常务委员会第二次会议上　国务院侨务办公室主任　许又声

对华侨权益保护工作情况报告的意见和建议——2018年4月26日

国务院关于新时代侨务工作情况的报告——2023年4月24日在第十四届全国人民代表大会常务委员会第二次会议上　国务院侨务办公室主任　陈旭

（五）生态建设

1. 环境保护

国务院关于应对气候变化工作情况的报告——2009年8月24日在第十一届全国人民代表大会常务委员会第十次会议上　国家发展和改革委员会副主任　解振华

国务院关于环境保护工作情况的报告——2011年10月25日在第十一届全国人民代表大会常务委员会第二十三次会议上　环境保护部部长　周生贤

国务院关于保障饮用水安全工作情况的报告——2012年6月27日在第十一届全国人民代表大会常务委员会第二十七次会议上　国家发展和改革委员会副主任　杜鹰

国务院关于生态补偿机制建设工作情况的报告——2013年4月23日在第十二届全国人民代表大会常务委员会第二次会议上　国家发展和改革委员会主任　徐绍史

国务院关于2015年度环境状况和环境保护目标完成情况的报告——2016年4月25日在第十二届全国人民代表大会常务委员会第二十次会议上　环境保护部部长　陈吉宁

对2015年度环境状况和环境保护目标完成情况报告的意见和建议——2016年4月26日

2021年8月18日在第十三届全国人民代表大会常务委员会第三十次会议上　国家发展和改革委员会主任　何立峰

国务院关于2021年度环境状况和环境保护目标完成情况的报告——2022年4月18日在第十三届全国人民代表大会常务委员会第三十四次会议上　生态环境部部长　黄润秋

国务院关于2022年度环境状况和环境保护目标完成情况的报告——2023年4月24日在第十四届全国人民代表大会常务委员会第二次会议上　生态环境部部长　黄润秋

国务院关于长江流域生态环境保护工作情况的报告——2021年6月7日在第十三届全国人民代表大会常务委员会第二十九次会议上　生态环境部部长　黄润秋

2. 污染防治

国务院关于当前水环境形势和水污染防治工作的报告——2006年12月26日在第十届全国人民代表大会常务委员会第二十五次会议上　国家环境保护总局局长　周生贤

国务院关于水污染防治工作进展情况的报告——2008年12月24日在第十一届全国人民代表大会常务委员会第六次会议上　环境保护部部长　周生贤

国务院关于大气污染防治工作进展情况的报告——2009年4月22日在第十一届全国人民代表大会常务委员会第八次会议上　环境保护部部长　周生贤

3. 自然能源资源

国务院关于当前能源形势与能源安全问题的报告——2005年12月27日在第十届全国人民代表大会常务委员会第十九次会议上　国务院副总理　曾培炎

国务院关于矿产资源合理利用、保护和管理工作的报告——

2006 年 12 月 26 日在第十届全国人民代表大会常务委员会第二十五次会议上　国务院副总理　曾培炎

国务院关于节约能源保护环境工作情况的报告——2007 年 8 月 26 日在第十届全国人民代表大会常务委员会第二十九次会议上　国家发展和改革委员会主任　马凯

国务院关于土地管理和矿产资源开发利用及保护工作情况的报告——2012 年 12 月 25 日在第十一届全国人民代表大会常务委员会第三十次会议上　国土资源部部长　徐绍史

国务院关于节能减排工作情况的报告——2014 年 4 月 21 日在第十二届全国人民代表大会常务委员会第八次会议上　国家发展和改革委员会主任　徐绍史

对节能减排工作情况报告的意见和建议——2014 年 4 月 23 日

国务院关于 2020 年度国有自然资源资产管理情况的专项报告——2021 年 10 月 21 日在第十三届全国人民代表大会常务委员会第三十一次会议上　自然资源部部长　陆昊

全国人民代表大会常务委员会预算工作委员会、全国人民代表大会财政经济委员会、全国人民代表大会环境与资源保护委员会关于 2020 年度国有自然资源资产管理情况的调研报告——2021 年 10 月 21 日在第十三届全国人民代表大会常务委员会第三十一次会议上　全国人大常委会预算工作委员会主任　史耀斌

全国人民代表大会常务委员会专题调研组关于加强种质资源保护和育种创新情况的调研报告——2021 年 10 月 21 日在第十三届全国人民代表大会常务委员会第三十一次会议上　全国人大常委会副委员长　吉炳轩

（六）其他

1. 普法宣传

对《关于在公民中基本普及法律常识的决议（草案）》的说明——1985年11月13日在第六届全国人民代表大会常务委员会第十三次会议上　司法部部长　邹瑜

全国人民代表大会常务委员会关于在公民中基本普及法律常识的决议——1985年11月22日第六届全国人民代表大会常务委员会第十三次会议通过

国务院关于“五五”普法工作情况的报告——2011年4月20日在第十一届全国人民代表大会常务委员会第二十次会议上

国务院关于“六五”普法决议执行情况的报告——2016年4月25日在第十二届全国人民代表大会常务委员会第二十次会议上

对“六五”普法决议执行情况报告的意见和建议——2016年4月26日

国务院关于“七五”普法决议贯彻落实情况的报告——2021年6月7日在第十三届全国人民代表大会常务委员会第二十九次会议上　司法部部长　唐一军

2. 司法工作

国务院关于监狱法实施和监狱工作情况的报告——2012年4月25日在第十一届全国人民代表大会常务委员会第二十六次会议上

3. 公安机关执法

国务院关于公安机关执法规范化建设工作情况的报告——2013年6月26日在第十二届全国人民代表大会常务委员会第三次会议上　国务委员兼公安部部长　郭声琨

表大会财政经济委员会关于企业国有资产（不含金融企业）管理情况的调研报告——2020年10月15日在第十三届全国人民代表大会常务委员会第二十二次会议上　全国人大财政经济委员会副主任委员、全国人大常委会预算工作委员会主任　史耀斌

## 第二节　最高人民法院工作报告

### 一、最高人民法院工作报告

1957年最高人民法院工作报告——1957年7月2日在第一届全国人民代表大会第四次会议上　最高人民法院院长　董必武

1979年最高人民法院工作报告——1979年6月21日在第五届全国人民代表大会第二次会议上　最高人民法院院长　江华

1980年最高人民法院工作报告——1980年9月2日在第五届全国人民代表大会第三次会议上　最高人民法院院长　江华

1981年最高人民法院工作报告——1981年12月7日在第五届全国人民代表大会第四次会议上　最高人民法院院长　江华

1982年最高人民法院工作报告——1982年12月6日在第五届全国人民代表大会第五次会议上　最高人民法院院长　江华

1983年最高人民法院工作报告——1983年6月7日在第六届全国人民代表大会第一次会议上　最高人民法院院长　江华

1984年最高人民法院工作报告——1984年5月26日在第六届全国人民代表大会第二次会议上　最高人民法院院长　郑天翔

1985年最高人民法院工作报告——1985年4月3日在第六届全国人民代表大会第三次会议上　最高人民法院院长　郑天翔

1986年最高人民法院工作报告——1986年4月8日在第六届全国人民代表大会第四次会议上　最高人民法院院长　郑天翔

2000 年最高人民法院工作报告——2000 年 3 月 10 日在第九届全国人民代表大会第三次会议上　最高人民法院院长　肖扬

2001 年最高人民法院工作报告——2001 年 3 月 10 日在第九届全国人民代表大会第四次会议上　最高人民法院院长　肖扬

2002 年最高人民法院工作报告——2002 年 3 月 11 日在第九届全国人民代表大会第五次会议上　最高人民法院院长　肖扬

2003 年最高人民法院工作报告——2003 年 3 月 11 日在第十届全国人民代表大会第一次会议上　最高人民法院院长　肖扬

2004 年最高人民法院工作报告——2004 年 3 月 10 日在第十届全国人民代表大会第二次会议上　最高人民法院院长　肖扬

2005 年最高人民法院工作报告——2005 年 3 月 9 日在第十届全国人民代表大会第三次会议上　最高人民法院院长　肖扬

2006 年最高人民法院工作报告——2006 年 3 月 11 日在第十届全国人民代表大会第四次会议上　最高人民法院院长　肖扬

2007 年最高人民法院工作报告——2007 年 3 月 13 日在第十届全国人民代表大会第五次会议上　最高人民法院院长　肖扬

2008 年最高人民法院工作报告——2008 年 3 月 10 日在第十一届全国人民代表大会第一次会议上　最高人民法院院长　肖扬

2009 年最高人民法院工作报告——2009 年 3 月 10 日在第十一届全国人民代表大会第二次会议上　最高人民法院院长　王胜俊

2010 年最高人民法院工作报告——2010 年 3 月 11 日在第十一届全国人民代表大会第三次会议上　最高人民法院院长　王胜俊

2011 年最高人民法院工作报告——2011 年 3 月 11 日在第十一届全国人民代表大会第四次会议上　最高人民法院院长　王胜俊

2012 年最高人民法院工作报告——2012 年 3 月 11 日在第十一届全国人民代表大会第五次会议上　最高人民法院院长　王胜俊

**二、最高人民法院专项工作报告**

告——2008 年 10 月 26 日在第十一届全国人民代表大会常务委员会第五次会议上　最高人民法院院长　王胜俊

最高人民法院关于加强民事执行工作维护法制权威和司法公正情况的报告——2009 年 10 月 28 日在第十一届全国人民代表大会第十一次会议上　最高人民法院院长　王胜俊

最高人民法院关于民事审批工作情况的报告——2010 年 10 月 27 日在第十一届全国人民代表大会常务委员会第十七次会议上　最高人民法院院长　王胜俊

最高人民法院关于加强人民法院基层建设促进公正司法工作情况的报告——2011 年 10 月 25 日在第十一届全国人民代表大会常务委员会第二十三次会议上　最高人民法院院长　王胜俊

国务院关于知识产权审判工作情况的报告——2012 年 12 月 25 日在第十一届全国人民代表大会常务委员会第三十次会议上　最高人民法院院长　王胜俊

最高人民法院关于人民陪审员决定执行和人民陪审员工作情况的报告——2013 年 10 月 22 日在第十二届全国人民代表大会常务委员会第五次会议上　最高人民法院院长　周强

对人民陪审员决定执行和人民陪审员工作情况报告的意见和建议——2013 年 10 月 23 日

最高人民法院关于人民法院规范司法行为工作情况的报告——2014 年 10 月 29 日在第十二届全国人民代表大会常务委员会第十一次会议上　最高人民法院院长　周强

对“两高”规范司法行为工作情况报告的意见和建议——2014 年 10 月 30 日

最高人民法院关于行政审判工作情况的报告——2015 年 11 月 2 日在第十二届全国人民代表大会常务委员会第十七次会议上

最高人民法院、最高人民检察院关于在部分地区开展刑事案件认罪认罚从宽制度试点工作情况的中期报告——2017 年 12 月 23 日在第十二届全国人民代表大会常务委员会第三十一次会议上　最高人民法院院长　周强

对关于在部分地区开展刑事案件认罪认罚从宽制度试点工作情况中期报告的意见和建议——2017 年 12 月 25 日

最高人民法院关于人民陪审员制度改革试点情况的报告——2018 年 4 月 25 日在第十三届全国人民代表大会常务委员会第二次会议上

最高人民法院关于人民法院解决“执行难”工作情况的报告——2018 年 10 月 24 日在第十三届全国人民代表大会常务委员会第六次会议上　最高人民法院院长　周强

对人民法院解决“执行难”工作情况报告的意见和建议——2018 年 10 月 24 日

最高人民法院关于研究处理对解决执行难工作情况报告审议意见的报告——2019 年 4 月 21 日在第十三届全国人民代表大会常务委员会第十次会议上　最高人民法院院长　周强

对研究处理对解决执行难工作情况报告审议意见的报告的意见和建议——2019 年 4 月 22 日

最高人民法院关于加强刑事审判工作情况的报告——2019 年 10 月 23 日在第十三届全国人民代表大会常务委员会第十四次会议上　最高人民法院院长　周强

对加强刑事审判工作情况报告的意见和建议——2019 年 10 月 24 日

最高人民法院关于人民法院加强民事审判工作依法服务保障经济社会持续健康发展情况的报告——2020 年 10 月 15 日在第十

三届全国人民代表大会常务委员会第二十二次会议上　最高人民法院院长　周强

最高人民法院关于人民法院知识产权审判工作情况的报告——2021 年 10 月 21 日在第十三届全国人民代表大会常务委员会第三十一次会议上　最高人民法院院长　周强

最高人民法院关于《全国人民代表大会常务委员会关于专利等知识产权案件诉讼程序若干问题的决定》实施情况的报告——2022 年 2 月 27 日在第十三届全国人民代表大会常务委员会第三十三次会议上　最高人民法院院长　周强

第十三届全国人民代表大会第五次会议关于最高人民法院工作报告的决议——2022 年 3 月 11 日第十三届全国人民代表大会第五次会议通过

最高人民法院关于四级法院审级职能定位改革试点情况的中期报告——2022 年 8 月 30 日在第十三届全国人民代表大会常务委员会第三十六次会议上　最高人民法院院长　周强

最高人民法院关于人民法院涉外审判工作情况的报告——2022 年 10 月 28 日在第十三届全国人民代表大会常务委员会第三十七次会议上　最高人民法院院长　周强

## 第三节　最高人民检察院工作报告

### 一、最高人民检察院工作报告

1979 年最高人民检察院工作报告——1979 年 6 月 21 日在第五届全国人民代表大会第二次会议上　最高人民检察院检察长　黄火青

1980 年最高人民检察院工作报告——1980 年 9 月 2 日在第

五届全国人民代表大会第三次会议上　最高人民检察院检察长黄火青

1981 年最高人民检察院工作报告——1981 年 12 月 7 日在第五届全国人民代表大会第四次会议上　最高人民检察院检察长黄火青

1982 年最高人民检察院工作报告——1982 年 12 月 6 日在第五届全国人民代表大会第五次会议上　最高人民检察院检察长黄火青

1983 年最高人民检察院工作报告——1983 年 6 月 7 日在第六届全国人民代表大会第一次会议上　最高人民检察院检察长黄火青

1984 年最高人民检察院工作报告——1984 年 5 月 26 日在第六届全国人民代表大会第二次会议上　最高人民检察院检察长杨易辰

1985 年最高人民检察院工作报告——1985 年 4 月 3 日在第六届全国人民代表大会第三次会议上　最高人民检察院检察长杨易辰

1986 年最高人民检察院工作报告——1986 年 4 月 8 日在第六届全国人民代表大会第四次会议上　最高人民检察院检察长杨易辰

1987 年最高人民检察院工作报告——1987 年 4 月 6 日在第六届全国人民代表大会第五次会议上　最高人民检察院检察长杨易辰

1988 年最高人民检察院工作报告——1988 年 4 月 1 日在第七届全国人民代表大会第一次会议上　最高人民检察院检察长杨易辰

1989 年最高人民检察院工作报告——1989 年 3 月 29 日在第七届全国人民代表大会第二次会议上　最高人民检察院检察长刘复之

1990 年最高人民检察院工作报告——1990 年 3 月 29 日在第七届全国人民代表大会第三次会议上　最高人民检察院检察长刘复之

1991 年最高人民检察院工作报告——1991 年 4 月 3 日在第七届全国人民代表大会第四次会议上　最高人民检察院检察长刘复之

1992 年最高人民检察院工作报告——1992 年 3 月 28 日在第七届全国人民代表大会第五次会议上　最高人民检察院检察长刘复之

1993 年最高人民检察院工作报告——1993 年 3 月 22 日在第八届全国人民代表大会第一次会议上　最高人民检察院检察长刘复之

1994 年最高人民检察院工作报告——1994 年 3 月 15 日在第八届全国人民代表大会第二次会议上　最高人民检察院检察长张思卿

1995 年最高人民检察院工作报告——1995 年 3 月 13 日在第八届全国人民代表大会第三次会议上　最高人民检察院检察长张思卿

1996 年最高人民检察院工作报告——1996 年 3 月 12 日在第八届全国人民代表大会第四次会议上　最高人民检察院检察长张思卿

1997 年最高人民检察院工作报告——1997 年 3 月 11 日在第八届全国人民代表大会第五次会议上　最高人民检察院检察长

张思卿

1998年最高人民检察院工作报告——1998年3月10日在第九届全国人民代表大会第一次会议上 最高人民检察院检察长张思卿

1999年最高人民检察院工作报告——1999年3月10日在第九届全国人民代表大会第二次会议上 最高人民检察院检察长韩杼滨

2000年最高人民检察院工作报告——2000年3月10日在第九届全国人民代表大会第三次会议上 最高人民检察院检察长韩杼滨

2001年最高人民检察院工作报告——2001年3月10日在第九届全国人民代表大会第四次会议上 最高人民检察院检察长韩杼滨

2002年最高人民检察院工作报告——2002年3月11日在第九届全国人民代表大会第五次会议上 最高人民检察院检察长韩杼滨

2003年最高人民检察院工作报告——2003年3月11日在第十届全国人民代表大会第一次会议上 最高人民检察院检察长韩杼滨

2004年最高人民检察院工作报告——2004年3月10日在第十届全国人民代表大会第二次会议上 最高人民检察院检察长贾春旺

2005年最高人民检察院工作报告——2005年3月9日在第十届全国人民代表大会第三次会议上 最高人民检察院检察长贾春旺

2006年最高人民检察院工作报告——2006年3月11日在第

十届全国人民代表大会第四次会议上　最高人民检察院检察长贾春旺

2007年最高人民检察院工作报告——2007年3月13日在第十届全国人民代表大会第五次会议上　最高人民检察院检察长贾春旺

2008年最高人民检察院工作报告——2008年3月10日在第十一届全国人民代表大会第一次会议上　最高人民检察院检察长贾春旺

2009年最高人民检察院工作报告——2009年3月10日在第十一届全国人民代表大会第二次会议上　最高人民检察院检察长曹建明

2010年最高人民检察院工作报告——2010年3月11日在第十一届全国人民代表大会第三次会议上　最高人民检察院检察长曹建明

2011年最高人民检察院工作报告——2011年3月11日在第十一届全国人民代表大会第四次会议上　最高人民检察院检察长曹建明

2012年最高人民检察院工作报告——2012年3月11日在第十一届全国人民代表大会第五次会议上　最高人民检察院检察长曹建明

2013年最高人民检察院工作报告——2013年3月10日在第十二届全国人民代表大会第一次会议上　最高人民检察院检察长曹建明

2014年最高人民检察院工作报告——2014年3月10日在第十二届全国人民代表大会第二次会议上　最高人民检察院检察长曹建明

2015 年最高人民检察院工作报告——2015 年 3 月 12 日在第十二届全国人民代表大会第三次会议上　最高人民检察院检察长曹建明

2016 年最高人民检察院工作报告——2016 年 3 月 13 日在第十二届全国人民代表大会第四次会议上　最高人民检察院检察长曹建明

2017 年最高人民检察院工作报告——2017 年 3 月 12 日在第十二届全国人民代表大会第五次会议上　最高人民检察院检察长曹建明

2018 年最高人民检察院工作报告——2018 年 3 月 9 日在第十三届全国人民代表大会第一次会议上　最高人民检察院检察长曹建明

2019 年最高人民检察院工作报告——2019 年 3 月 12 日在第十三届全国人民代表大会第二次会议上　最高人民检察院检察长张军

2020 年最高人民检察院工作报告——2020 年 5 月 25 日在第十三届全国人民代表大会第三次会议上　最高人民检察院检察长张军

2021 年最高人民检察院工作报告——2021 年 3 月 8 日在第十三届全国人民代表大会第四次会议上　最高人民检察院检察长张军

2022 年最高人民检察院工作报告——2022 年 3 月 8 日在第十三届全国人民代表大会第五次会议上　最高人民检察院检察长张军

2023 年最高人民检察院工作报告——2023 年 3 月 7 日在第十四届全国人民代表大会第一次会议上　最高人民检察院检察长　张军

## 二、最高人民检察院专项工作报告

最高人民检察院关于1956年以来检察工作情况的报告——1957年7月1日在第一届全国人民代表大会第四次会议上　最高人民检察院检察长　张鼎丞

最高人民检察院关于加强刑事审判法律监督工作维护司法公正情况的报告——2008年10月26日在第十一届全国人民代表大会常务委员会第五次会议上　最高人民检察院检察长　曹建明

最高人民检察院关于加强渎职侵权检察工作促进依法行政和公正司法情况的报告——2009年10月28日在第十一届全国人民代表大会常务委员会第十一次会议上　最高人民检察院检察长　曹建明

最高人民检察院关于改进渎职侵权检察工作情况的报告——2010年10月27日在第十一届全国人民代表大会常务委员会第十七次会议上　最高人民检察院检察长　曹建明

最高人民检察院关于加强人民检察院基层建设促进公正执法工作情况的报告——2011年10月25日在第十一届全国人民代表大会常务委员会第二十三次会议上　最高人民检察院检察长　曹建明

最高人民检察院关于民事行政检察工作情况的报告——2012年12月25日在第十一届全国人民代表大会常务委员会第三十次会议上　最高人民检察院检察长　曹建明

最高人民检察院关于检察机关反贪污贿赂工作情况的报告——2013年10月22日在第十二届全国人民代表大会常务委员会第五次会议上　最高人民检察院检察长　曹建明

对检察机关反贪污贿赂工作情况报告的意见和建议——2013年10月23日

最高人民检察院关于人民检察院规范司法行为工作情况的报

告——2014 年 10 月 29 日在第十二届全国人民代表大会常务委员会第十一次会议上　最高人民检察院检察长　曹建明

最高人民检察院关于刑罚执行监督工作情况的报告——2015 年 11 月 2 日在第十二届全国人民代表大会常务委员会第十七次会议上　最高人民检察院检察长　曹建明

对刑罚执行监督工作情况报告的意见和建议——2015 年 11 月 3 日

最高人民检察院关于加强侦查监督、维护司法公正情况的报告——2016 年 11 月 5 日在第十二届全国人民代表大会常务委员会第二十四次会议上　最高人民检察院检察长　曹建明

对加强侦查监督、维护司法公正情况报告的意见和建议——2016 年 11 月 6 日

最高人民检察院关于检察机关提起公益诉讼试点工作情况的中期报告——2016 年 11 月 5 日在第十二届全国人民代表大会常务委员会第二十四次会议上　最高人民检察院检察长　曹建明

对检察机关提起公益诉讼试点工作情况中期报告的意见和建议——2016 年 11 月 6 日

最高人民检察院关于人民检察院全面深化司法改革情况的报告——2017 年 11 月 1 日在第十二届全国人民代表大会常务委员会第三十次会议上　最高人民检察院检察长　曹建明

对人民检察院全面深化司法改革情况报告的意见和建议——2017 年 11 月 3 日

最高人民检察院关于人民检察院加强对民事诉讼和执行活动法律监督工作情况的报告——2018 年 10 月 24 日在第十三届全国人民代表大会常务委员会第六次会议上　最高人民检察院检察长张军

对人民检察院加强对民事诉讼和执行活动法律监督工作情况报告的意见和建议——2018 年 10 月 24 日

最高人民检察院关于开展公益诉讼检察工作情况的报告——2019 年 10 月 23 日在第十三届全国人民代表大会常务委员会第十四次会议上　最高人民检察院检察长　张军

对开展公益诉讼检察工作情况报告的意见和建议——2019 年 10 月 24 日

最高人民检察院关于人民检察院办理控告申诉案件工作情况的报告——2021 年 10 月 21 日在第十三届全国人民代表大会常务委员会第三十一次会议上　最高人民检察院检察长　张军

最高人民检察院关于人民检察院开展未成年人检察工作情况的报告——2022 年 10 月 28 日在第十三届全国人民代表大会常务委员会第三十七次会议上　最高人民检察院检察长　张军

# 第二章　审查和批准决算，听取和审议计划、预算执行情况和审议审计工作报告

**一、1955 年**

第一届全国人民代表大会关于 1954 年国家决算和 1955 年国家预算的报告——1955 年 7 月 6 日在第一届全国人民代表大会第二次会议上　国务院副总理兼财政部部长　李先念

第一届全国人民代表大会预算委员会关于 1954 年国家决算和 1955 年国家预算的审查报告——1955 年 7 月 28 日

第一届全国人民代表大会第二次会议关于 1954 年国家决算和 1955 年国家预算的决议——1955 年 7 月 30 日通过

**二、1956 年**

第一届全国人民代表大会关于 1955 年国家决算和 1956 年国家预算的报告——1956 年 6 月 15 日在第一届全国人民代表大会第三次会议上　国务院副总理兼财政部部长　李先念

第一届全国人民代表大会第三次会议关于 1955 年国家决算和 1956 年国家预算的决议——1956 年 6 月 30 日通过

**三、1957 年**

第一届全国人民代表大会关于 1956 年国家决算和 1957 年国家预算草案的报告——1957 年 6 月 29 日在第一届全国人民代表大会第四次会议上　国务院副总理兼财政部部长　李先念

关于 1956 年度国民经济计划的执行结果和 1957 年度国民经

济计划草案的报告——1957 年 7 月 1 日在第一届全国人民代表大会第四次会议上　国务院副总理兼国家经济委员会主任　薄一波

第一届全国人民代表大会预算委员会关于 1956 年国家决算和 1957 年国家预算草案的审查报告——1957 年 7 月 6 日第一届全国人民代表大会第四次会议通过

第一届全国人民代表大会第四次会议关于周恩来总理的政府工作报告、关于 1956 年国家决算和 1957 年国家预算和关于 1957 年度国民经济计划的决议——1957 年 7 月 15 日在第一届全国人民代表大会第四次会议通过

**四、1958 年**

关于 1957 年国家预算执行情况和 1958 年国家预算草案的报告——1958 年 2 月 1 日在第一届全国人民代表大会第五次会议上　国务院副总理兼国家经济委员会主任　薄一波

关于 1958 年度国民经济计划草案的报告——1958 年 2 月 3 日在第一届全国人民代表大会第五次会议上　国务院副总理兼国家经济委员会主任　薄一波

第一届全国人民代表大会预算委员会关于 1957 年国家预算的执行情况和 1958 年国家预算草案的审查报告——1958 年 2 月 10 日第一届全国人民代表大会第五次会议通过

第一届全国人民代表大会第五次会议关于 1957 年国家预算执行情况和 1958 年国家预算及 1958 年度国民经济计划的决议——1958 年 2 月 11 日第一届全国人民代表大会第五次会议通过

第一届全国人民代表大会常务委员会关于 1957 年国家决算的决议——1958 年 11 月 23 日第一届全国人民代表大会常务委员会第一百零二次会议通过

**五、1959 年**

关于 1958 年国家决算和 1959 年国家预算草案的报告——1959 年 4 月 21 日在第二届全国人民代表大会第一次会议上 国务院副总理兼财政部部长 李先念

第二届全国人民代表大会预算委员会关于 1958 年国家决算和 1959 年国家预算草案的审查报告——1959 年 4 月 28 日

第二届全国人民代表大会第一次会议关于政府工作报告、1959 年国民经济计划、1958 年国家决算和 1959 年国家预算的决议——1959 年 4 月 28 日第二届全国人民代表大会第一次会议通过

关于调整 1959 年国民经济计划主要指标和进一步开展增产节约运动的报告——1959 年 8 月 26 日在第二届全国人民代表大会常务委员会第五次会议上 国务院总理 周恩来

第二届全国人民代表大会常务委员会关于调整 1959 年国民经济计划主要指标和开展增产节约运动的决议——1959 年 8 月 26 日第二届全国人民代表大会常务委员会第五次会议通过

**六、1960 年**

关于 1959 年国家决算和 1960 年国家预算草案的报告——1960 年 3 月 30 日在第二届全国人民代表大会第二次会议上 国务院副总理兼财政部部长 李先念

第二届全国人民代表大会预算委员会关于 1959 年国家决算和 1960 年国家预算草案的审查报告——1960 年 4 月 10 日

第二届全国人民代表大会第二次会议关于 1960 年国民经济计划、1959 年国家决算和 1960 年国家预算的决议——1960 年 4 月 10 日第二届全国人民代表大会第二次会议通过

**七、1963 年**

第二届全国人民代表大会第四次会议关于 1963 年国民经济计划和 1964 年国民经济计划的报告——1963 年 11 月 17 日　国务院副总理兼国家计划委员会主任　李富春

第二届全国人民代表大会第四次会议关于 1963 年国家预算草案和预算执行情况、1964 年国家预算初步安排的报告——1963 年 11 月 18 日　国务院副总理兼财政部部长　李先念

第二届全国人民代表大会预算委员会关于 1963 年国家预算草案和预算执行情况、1964 年国家预算初步安排的审查报告——1963 年 12 月 3 日

第二届全国人民代表大会第四次会议关于 1963 年国民经济计划和 1964 年国民经济计划、1963 年国家预算和 1964 年国家预算初步安排的决议——1963 年 12 月 3 日第二届全国人民代表大会第四次会议通过

**八、1979 年**

关于 1979 年国民经济计划草案的报告——1979 年 6 月 21 日在第五届全国人民代表大会第二次会议上　国务院副总理兼国家计划委员会主任　余秋里

关于 1978 年国家决算和 1979 年国家预算草案的报告——1979 年 6 月 21 日在第五届全国人民代表大会第二次会议上　财政部部长　张劲夫

第五届全国人民代表大会预算委员会关于 1978 年国家决算和 1979 年国家预算草案的审查报告——1979 年 6 月 26 日第五届全国人民代表大会第二次会议主席团第二次会议通过

第五届全国人民代表大会第二次会议关于 1979 年国民经济计划、1978 年国家决算和 1979 年国家预算的决议——1979 年 7

月1日第五届全国人民代表大会第二次会议通过

**九、1980年**

关于1980年、1981年国民经济计划安排的报告——1980年8月30日在第五届全国人民代表大会第三次会议上　国务院副总理兼国家计划委员会主任　姚依林

关于1979年国家决算、1980年国家预算草案和1981年国家概算的报告——1980年8月30日在第五届全国人民代表大会第三次会议上　财政部部长　王丙乾

第五届全国人民代表大会预算委员会关于1979年国家决算、1980年国家预算草案和1981年国家概算的审查报告——1980年9月1日第五届全国人民代表大会第三次会议主席团第二次会议通过

第五届全国人民代表大会第三次会议关于1980年、1981年国民经济计划安排，1979年国家决算、1980年国家预算和1981年国家概算的决议——1980年9月10日第五届全国人民代表大会第三次会议通过

**十、1981年**

关于调整1981年国民经济计划和国家财政收支的报告——1981年2月25日在第五届全国人民代表大会常务委员会第十七次会议上　国务院副总理兼国家计划委员会主任　姚依林

第五届全国人民代表大会常务委员会关于批准国务院调整1981年国民经济计划和国家财政收支报告的决议——1981年3月6日第五届全国人民代表大会常务委员会第十七次会议通过

关于1980年国家决算和1981年国家概算执行情况的报告——1981年12月1日在第五届全国人民代表大会第四次会议上　财政部部长　王丙乾

第五届全国人民代表大会预算委员会关于1980年国家决算和1981年国家概算执行情况的审查报告——1981年12月8日第五届全国人民代表大会第四次会议主席团第二次会议通过

第五届全国人民代表大会第四次会议关于批准国务院1980年国家决算和1981年国家概算执行情况报告的决议——1981年12月13日第五届全国人民代表大会第四次会议通过

**十一、1982年**

关于1982年国家预算草案的报告——1982年4月28日在第五届全国人民代表大会常务委员会第二十三次会议上　财政部部长　王丙乾

关于1981年国家决算的报告——1982年8月19日在第五届全国人民代表大会常务委员会第二十四次会议上　财政部部长　王丙乾

第五届全国人民代表大会常务委员会关于批准1981年国家决算的决议——1982年8月23日第五届全国人民代表大会常务委员会第二十四次会议通过

关于第六个五年计划的报告——1982年11月30日在第五届全国人民代表大会第五次会议上　国务院总理

关于1982年国家预算执行情况和1983年国家预算草案的报告——1982年12月1日在第五届全国人民代表大会第五次会议上　财政部部长　王丙乾

第五届全国人民代表大会预算委员会关于1982年国家预算执行情况和1983年国家预算草案的审查报告——1982年12月6日第五届全国人民代表大会第五次会议主席团第三次会议通过

第五届全国人民代表大会第五次会议关于批准国务院1982年国家预算执行情况和1983年国家预算报告的决议——1982年

12月10日第五届全国人民代表大会第五次会议通过

1983年国民经济和社会发展计划——1982年12月10日第五届全国人民代表大会第五次会议批准

中华人民共和国国民经济和社会发展第六个五年计划（1981—1985）——1982年12月10日第五届全国人民代表大会第五次会议通过

**十二、1983年**

关于1982年国家决算的报告——1983年6月7日在第六届全国人民代表大会第一次会议上　财政部部长　王丙乾

关于1983年国民经济和社会发展计划的报告——1983年6月7日在第六届全国人民代表大会第一次会议上　国务院副总理兼国家计划委员会主任　姚依林

第六届全国人民代表大会财政经济委员会关于1982年国家决算的审查报告——1983年6月17日第六届全国人民代表大会第一次会议主席团第三次会议通过

第六届全国人民代表大会第一次会议关于1982年国家决算的决议——1983年6月21日第六届全国人民代表大会第一次会议通过

第六届全国人民代表大会第一次会议关于1983年国民经济和社会发展计划报告的决议——1983年6月21日第六届全国人民代表大会第一次会议通过

**十三、1984年**

关于1984年国民经济和社会发展计划草案的报告——1984年5月16日在第六届全国人民代表大会第二次会议上　国务委员兼国家计划委员会主任　宋平

关于1983年国家决算和1984年国家预算草案的报告——

1984年5月16日在第六届全国人民代表大会第二次会议上　国务委员兼财政部部长　王丙乾

第六届全国人民代表大会财政经济委员会关于1983年国家决算和1984年国家预算草案的审查报告——1984年5月25日第六届全国人民代表大会第二次会议主席团第二次会议通过

第六届全国人民代表大会第二次会议关于1983年国家决算和1984年国家预算的决议——1984年5月31日第六届全国人民代表大会第二次会议通过

第六届全国人民代表大会第二次会议关于1984年国民经济和社会发展计划报告的决议——1984年5月31日第六届全国人民代表大会第二次会议通过

**十四、1985年**

关于1985年国民经济和社会发展计划草案的报告——1985年3月28日在第六届全国人民代表大会第三次会议上　国务委员兼国家计划委员会主任　宋平

关于1984年国家预算执行情况和1985年国家预算草案的报告——1985年3月28日在第六届全国人民代表大会第三次会议上　国务委员兼财政部部长　王丙乾

第六届全国人民代表大会财政经济委员会关于1984年国家预算执行情况和1985年国家预算草案的审查报告——1985年4月5日第六届全国人民代表大会第三次会议主席团第二次会议通过

第六届全国人民代表大会第三次会议关于1984年国家预算执行情况和1985年国家预算的决议——1985年4月10日第六届全国人民代表大会第三次会议通过

第六届全国人民代表大会第三次会议关于1985年国民经济

和社会发展计划的决议——1985 年 4 月 10 日第六届全国人民代表大会第三次会议通过

**十五、1986 年**

关于第七个五年计划的报告——1986 年 3 月 25 日在第六届全国人民代表大会第四次会议上　国务院总理

关于 1986 年国民经济和社会发展计划草案的报告——1986 年 3 月 26 日在第六届全国人民代表大会第四次会议上　国务委员兼国家计划委员会主任　宋平

关于 1985 年国家预算执行情况和 1986 年国家预算草案的报告——1986 年 3 月 26 日在第六届全国人民代表大会第四次会议上　国务委员兼财政部部长　王丙乾

第六届全国人民代表大会财政经济委员会关于 1985 年国家预算执行情况和 1986 年国家预算草案的审查报告——1986 年 4 月 4 日第六届全国人民代表大会第四次会议主席团第二次会议通过

第六届全国人民代表大会第四次会议关于 1985 年国家预算执行情况和 1986 年国家预算的决议——1986 年 4 月 12 日第六届全国人民代表大会第四次会议通过

第六届全国人民代表大会第四次会议关于 1986 年国民经济和社会发展计划的决议——1986 年 4 月 12 日第六届全国人民代表大会第四次会议通过

关于 1985 年国家决算的报告——1986 年 6 月 20 日在第六届全国人民代表大会常务委员会第十次会议上　国务委员兼财政部部长　王丙乾

第六届全国人民代表大会财政经济委员会关于 1985 年国家决算的审查报告——1986 年 6 月 24 日在第六届全国人民代表大

会常务委员会第十六次会议联组会上　全国人大财政经济委员会副主任委员　吴波

全国人民代表大会常务委员会关于批准1985年国家决算的决议——1986年6月25日第六届全国人民代表大会常务委员会第十六次会议通过

**十六、1987年**

关于1987年国民经济和社会发展计划草案的报告——1987年3月26日在第六届全国人民代表大会第五次会议上　国务委员兼国家计划委员会主任　宋平

关于1986年国家预算执行情况和1987年国家预算草案的报告——1987年3月26日在第六届全国人民代表大会第五次会议上　国务委员兼财政部部长　王丙乾

第六届全国人民代表大会财政经济委员会关于1986年国家预算执行情况和1987年国家预算草案的审查报告——1987年6月23日第六届全国人民代表大会常务委员会第二十一次会议通过

第六届全国人民代表大会第五次会议关于1986年国家预算执行情况和1987年国家预算的决议——1987年4月11日第六届全国人民代表大会第五次会议通过

第六届全国人民代表大会第五次会议关于1987年国民经济和社会发展计划的决议——1987年4月11日第六届全国人民代表大会第五次会议通过

关于1986年国家决算的报告——1987年6月16日在第六届全国人民代表大会常务委员会第二十一次会议上　财政部副部长　田一农

第六届全国人民代表大会财政经济委员会关于1986年国家

决算的审查报告——1987年6月20日在第六届全国人民代表大会常务委员会第二十一次会议上　全国人大财政经济委员会副主任委员　叶林

第六届全国人民代表大会常务委员会关于批准1986年国家决算的决议——1987年6月23日第六届全国人民代表大会常务委员会第二十一次会议通过

**十七、1988年**

关于1988年国民经济和社会发展计划草案的报告——1988年3月26日在第七届全国人民代表大会第一次会议上　国务院副总理兼国家计划委员会主任　姚依林

关于1987年国家预算执行情况和1988年国家预算草案的报告——1988年3月26日在第七届全国人民代表大会第一次会议上　国务委员兼财政部部长　王丙乾

第七届全国人民代表大会财政经济委员会关于1987年国家预算执行情况和1988年国家预算草案的审查报告——1988年4月5日第七届全国人民代表大会第一次会议主席团第四次会议通过

第七届全国人民代表大会第一次会议关于1988年国民经济和社会发展计划的决议——1988年4月13日第七届全国人民代表大会第一次会议通过

第七届全国人民代表大会第一次会议关于1987年国家预算执行情况和1988年国家预算的决议——1988年4月13日第七届全国人民代表大会第一次会议通过

关于1987年国家决算的报告——1988年6月25日在第七届全国人民代表大会常务委员会第二次会议上　财政部副部长　迟海滨

第七届全国人民代表大会财政经济委员会关于1987年国家

决算的审查报告——1988 年 6 月 28 日在第七届全国人民代表大会常务委员会第二次会议上　全国人大财政经济委员会副主任委员　叶林

第七届全国人民代表大会常务委员会关于批准 1987 年国家决算的决议——1988 年 7 月 1 日第七届全国人民代表大会常务委员会第二次会议通过

**十八、1989 年**

关于 1989 年国民经济和社会发展计划草案的报告——1989 年 3 月 21 日在第七届全国人民代表大会第二次会议上　国务院副总理兼国家计划委员会主任　姚依林

关于 1988 年国家预算执行情况和 1989 年国家预算草案的报告——1989 年 3 月 21 日在第七届全国人民代表大会第二次会议上　国务委员兼财政部部长　王丙乾

第七届全国人民代表大会财政经济委员会关于 1989 年国民经济和社会发展计划草案的审查报告——1989 年 3 月 30 日第七届全国人民代表大会第二次会议主席团第二次会议通过

第七届全国人民代表大会财政经济委员会关于 1988 年国家预算执行情况和 1989 年国家预算草案的审查报告——1989 年 3 月 30 日第七届全国人民代表大会第二次会议主席团第二次会议通过

第七届全国人民代表大会第二次会议关于 1989 年国民经济和社会发展计划的决议——1989 年 4 月 4 日通过

第七届全国人民代表大会第二次会议关于 1988 年国家预算执行情况和 1989 年国家预算的决议——1989 年 4 月 4 日通过

关于 1988 年国家决算的报告——1989 年 7 月 3 日在第七届全国人民代表大会常务委员会第八次会议上　国务委员兼财政部

部长　王丙乾

第七届全国人民代表大会财政经济委员会关于1988年国家决算的审查报告——1989年7月5日在第七届全国人民代表大会常务委员会第八次会议上　全国人大财政经济委员会副主任委员　李朋

1989年国民经济和社会发展计划的执行情况（摘要）——1989年8月31日在第七届全国人民代表大会常务委员会第九次会议上　国务院副总理　姚依林

**十九、1990年**

关于1989年国民经济和社会发展计划执行情况与1990年计划草案的报告——1990年3月21日在第七届全国人民代表大会第三次会议上　国务委员兼国家计划委员会主任　邹家华

关于1989年国家预算执行情况和1990年国家预算草案的报告——1990年3月21日在第七届全国人民代表大会第三次会议上　国务委员兼财政部部长　王丙乾

第七届全国人民代表大会财政经济委员会关于1989年国民经济和社会发展计划执行情况、1990年国民经济和社会发展计划草案的审查报告——1990年3月30日第七届全国人民代表大会第三次会议主席团第二次会议通过

第七届全国人民代表大会财政经济委员会关于1989年国家预算执行情况和1990年国家预算草案的审查报告——1990年3月30日第七届全国人民代表大会第三次会议主席团第二次会议通过

第七届全国人民代表大会第三次会议关于1989年国民经济和社会发展计划执行情况、1990年国民经济和社会发展计划的决议——1990年4月4日通过

第七届全国人民代表大会第三次会议关于1989年国家预算执行情况和1990年国家预算的决议——1990年4月4日通过

第七届全国人民代表大会财政经济委员会关于1989年国家决算的审查报告——1990年6月27日在第七届全国人民代表大会常务委员会第十四次会议上　全国人大财政经济委员会副主任委员　李朋

**二十、1991年**

关于1990年国家预算执行情况和1991年国家预算草案的报告——1991年3月26日在第七届全国人民代表大会第四次会议上　国务委员兼财政部部长　王丙乾

第七届全国人民代表大会财政经济委员会关于1990年国民经济和社会发展计划执行情况、1991年国民经济和社会发展计划草案的审查报告——1991年4月4日第七届全国人民代表大会第四次会议主席团第三次会议通过

第七届全国人民代表大会财政经济委员会关于1990年国家预算执行情况和1991年国家预算草案的审查报告——1991年4月4日第七届全国人民代表大会第四次会议主席团第三次会议通过

第七届全国人民代表大会第四次会议关于1990年国民经济和社会发展计划执行情况、1991年国民经济和社会发展计划的决议——1991年4月9日通过

第七届全国人民代表大会第四次会议关于1990年国家预算执行情况和1991年国家预算的决议——1991年4月9日通过

第七届全国人民代表大会第四次会议关于国民经济和社会发展十年规划和第八个五年计划纲要及关于纲要报告的决议——1991年4月9日通过

关于1990年国家决算的报告——1991年6月26日在第七届全国人民代表大会常务委员会第二十次会议上　国务委员兼财政部部长　王丙乾

第七届全国人民代表大会财政经济委员会关于1990年国家决算的审查报告——1991年6月28日在第七届全国人民代表大会常务委员会第二十次会议上　全国人大财政经济委员会副主任委员　李朋

**二十一、1992年**

关于1991年国民经济和社会发展计划执行情况与1992年计划草案的报告——1992年3月21日在第七届全国人民代表大会第五次会议上　国务院副总理兼国家计划委员会主任　邹家华

关于1991年国家预算执行情况和1992年国家预算草案的报告——1992年3月21日在第七届全国人民代表大会第五次会议上　国务委员兼财政部部长　王丙乾

第七届全国人民代表大会财政经济委员会关于1991年国民经济和社会发展计划执行情况与1992年国民经济和社会发展计划草案的审查报告——1992年3月30日第七届全国人民代表大会第五次会议主席团第二次会议通过

第七届全国人民代表大会财政经济委员会关于1991年国家预算执行情况和1992年国家预算草案的审查报告——1992年3月30日第七届全国人民代表大会第五次会议主席团第二次会议通过

第七届全国人民代表大会第五次会议关于1991年国民经济和社会发展计划执行情况与1992年国民经济和社会发展计划的决议——1992年4月3日通过

第七届全国人民代表大会第五次会议关于1991年国家预算

执行情况和1992年国家预算的决议——1992年4月3日通过

关于1991年国家决算的报告——1992年6月27日在第七届全国人民代表大会第五次会议上　国务委员兼财政部部长　王丙乾

第七届全国人民代表大会财政经济委员会关于1991年国家决算的审查报告——1992年6月30日在第七届全国人民代表大会常务委员会第二十六次会议上　全国人大财政经济委员会副主任委员　李朋

关于1992年国民经济和社会发展计划前7个月执行情况的汇报——1992年9月1日在第七届全国人民代表大会常务委员会第二十七次会议上　国务院副总理兼国家计划委员会主任　邹家华

**二十二、1993年**

关于1992年国家预算执行情况和1993年国家预算草案的报告——1993年3月16日在第八届全国人民代表大会第一次会议上　财政部部长　刘仲藜

第八届全国人民代表大会财政经济委员会关于1992年国家预算执行情况和1993年国家预算草案的审查报告——1993年3月24日第八届全国人民代表大会第一次会议主席团第三次会议通过

第八届全国人民代表大会第一次会议关于1992年国民经济和社会发展情况与1993年国民经济和社会发展计划的决议——1993年3月31日通过

第八届全国人民代表大会财政经济委员会关于1992年国家决算的审查报告——1993年6月30日在第八届全国人民代表大会常务委员会第二次会议上　全国人大财政经济委员会副主任委员　李灏

关于1993年1月至7月国家预算执行情况的报告——1993

年 8 月 30 日在第八届全国人民代表大会常务委员会第三次会议上　财政部部长　刘仲藜

国务院关于今年以来国民经济和社会发展计划执行情况的报告——1993 年 8 月 31 日在第八届全国人民代表大会常务委员会第三次会议上　国家计划委员会主任　陈锦华

**二十三、1994 年**

关于 1993 年国民经济和社会发展计划执行情况与 1994 年国民经济和社会发展计划草案的报告——1994 年 3 月 11 日在第八届全国人民代表大会第二次会议上　国家计划委员会主任　陈锦华

关于 1993 年国家预算执行情况和 1994 年国家预算草案的报告——1994 年 3 月 11 日在第八届全国人民代表大会第二次会议上　财政部部长　刘仲藜

第八届全国人民代表大会财政经济委员会关于 1993 年国民经济和社会发展计划执行情况与 1994 年国民经济和社会发展计划草案的审查报告——1994 年 3 月 17 日第八届全国人民代表大会第二次会议主席团第二次会议通过

第八届全国人民代表大会财政经济委员会关于 1993 年国家预算执行情况和 1994 年国家预算草案的审查报告——1994 年 3 月 17 日第八届全国人民代表大会第二次会议主席团第二次会议通过

第八届全国人民代表大会第二次会议关于 1993 年国民经济和社会发展计划执行情况与 1994 年国民经济和社会发展计划的决议——1994 年 3 月 22 日通过

第八届全国人民代表大会第二次会议关于 1993 年国家预算执行情况和 1994 年国家预算的决议——1994 年 3 月 22 日通过

第八届全国人民代表大会财政经济委员会关于 1993 年国家

决算的审查报告——1994 年 3 月 22 日第八届全国人民代表大会第二次会议通过

国务院关于今年以来国民经济和社会发展计划执行情况的报告——1994 年 8 月 29 日在第八届全国人民代表大会常务委员会第九次会议上　国家计划委员会主任　陈锦华

**二十四、1995 年**

关于 1994 年国民经济和社会发展计划执行情况与 1995 年国民经济和社会发展计划草案的报告——1995 年 3 月 6 日在第八届全国人民代表大会第三次会议上　国家计划委员会主任　陈锦华

关于 1994 年国家预算执行情况和 1995 年中央及地方预算草案的报告——1995 年 3 月 6 日第八届全国人民代表大会第三次会议上　财政部部长　刘仲藜

第八届全国人民代表大会财政经济委员会关于 1994 年国民经济和社会发展计划执行情况与 1995 年国民经济和社会发展计划草案的审查报告——1995 年 3 月 15 日第八届全国人民代表大会第三次会议主席团第三次会议通过

第八届全国人民代表大会财政经济委员会关于 1994 年国家预算执行情况和 1995 年中央及地方预算草案的审查报告——1995 年 3 月 15 日第八届全国人民代表大会第三次会议主席团第三次会议通过

第八届全国人民代表大会第三次会议关于 1994 年国民经济和社会发展计划执行情况与 1995 年国民经济和社会发展计划的决议——1995 年 3 月 18 日通过

第八届全国人民代表大会第三次会议关于 1994 年国家预算执行情况和 1995 年中央及地方预算的决议——1995 年 3 月 18 日通过

第八届全国人民代表大会财政经济委员会关于1994年国家决算的审查报告——1995年6月28日在第八届全国人民代表大会常务委员会第十四次会议上　全国人大财政经济委员会副主任委员　李灏

国务院关于今年以来国民经济和社会发展计划执行情况的报告（摘要）——1995年8月26日在第八届全国人民代表大会常务委员会第十五次会议上　国家计划委员会主任　陈锦华

**二十五、1996年**

关于1995年中央和地方预算执行情况及1996年中央和地方预算草案的报告——1996年3月5日在第八届全国人民代表大会第四次会议上　财政部部长　刘仲藜

第八届全国人民代表大会财政经济委员会关于1995年国民经济和社会发展计划执行情况与1996年国民经济和社会发展计划草案的审查报告——1996年3月14日第八届全国人民代表大会第四次会议主席团第二次会议通过

第八届全国人民代表大会财政经济委员会关于1995年中央及地方预算执行情况和1996年中央及地方预算草案的审查报告——1996年3月14日第八届全国人民代表大会第四次会议主席团第二次会议通过

第八届全国人民代表大会第四次会议关于1995年国民经济和社会发展计划执行情况与1996年国民经济和社会发展计划的决议——1996年3月17日通过

第八届全国人民代表大会第四次会议关于1995年中央及地方预算执行情况和1996年中央及地方预算的决议——1996年3月17日通过

第八届全国人民代表大会第四次会议关于国民经济和社会发

展“九五”计划和2010年远景目标纲要及关于纲要报告的决议——1996年3月17日通过

中华人民共和国国民经济和社会发展“九五”计划和2010年远景目标纲要——1996年3月17日第八届全国人民代表大会第四次会议批准

关于1995年中央决算的报告——1996年7月3日在第八届全国人民代表大会常务委员会第二十次会议上　财政部部长　刘仲藜

关于1995年中央预算执行情况的审计工作报告（摘要）——1996年7月3日在第八届全国人民代表大会常务委员会第二十次会议上　财政部部长　刘仲藜

第八届全国人民代表大会财政经济委员会关于1995年中央决算的审查报告——1996年7月3日第八届全国人民代表大会常务委员会第二十次会议通过

国务院关于今年以来国民经济和社会发展计划执行情况的报告——1996年8月28日在第八届全国人民代表大会常务委员会第二十一次会议上　国家计划委员会主任　陈锦华

**二十六、1997年**

关于1996年中央和地方预算执行情况及1997年中央和地方预算草案的报告——1997年3月2日在第八届全国人民代表大会第五次会议上　财政部部长　刘仲藜

第八届全国人民代表大会财政经济委员会关于1996年中央和地方预算执行情况及1997年中央和地方预算草案的审查报告——1997年3月8日第八届全国人民代表大会第五次会议主席团第二次会议通过

第八届全国人民代表大会第五次会议关于1996年中央和地方预算执行情况及1997年中央和地方预算的决议——1997年3

月14日通过

**二十七、1998年**

关于1997年国民经济和社会发展计划执行情况与1998年国民经济和社会发展计划草案的报告——1998年3月6日在第九届全国人民代表大会第一次会议上　国家计划委员会主任　陈锦华

关于1997年中央和地方预算执行情况及1998年中央和地方预算草案的报告——1998年3月6日在第九届全国人民代表大会第一次会议上　财政部部长　刘仲藜

第九届全国人民代表大会财政经济委员会关于1997年国民经济和社会发展计划执行情况与1998年国民经济和社会发展计划草案的审查报告——1998年3月13日第九届全国人民代表大会第一次会议主席团第三次会议通过

第九届全国人民代表大会财政经济委员会关于1997年中央和地方预算执行情况及1998年中央和地方预算草案的审查报告——1998年3月13日第九届全国人民代表大会第一次会议主席团第三次会议通过

第九届全国人民代表大会第一次会议关于1997年国民经济和社会发展计划执行情况与1998年国民经济和社会发展计划的决议——1998年3月19日通过

第九届全国人民代表大会第一次会议关于1997年中央和地方预算执行情况及1998年中央和地方预算的决议——1998年3月19日通过

关于1997年中央决算的报告（摘要）——1998年6月24日在第九届全国人民代表大会常务委员会第三次会议上　财政部部长　项怀诚

关于1997年中央预算执行和其他财政收支情况的审计工作报

告（摘要）——1998 年 6 月 24 日在第九届全国人民代表大会常务委员会第三次会议上　审计署审计长　李金华

第九届全国人民代表大会财政经济委员会关于 1997 年中央决算的审查报告——1998 年 6 月 26 日在第九届全国人民代表大会常务委员会第三次会议上　全国人大财政经济委员会副主任委员　郭振乾

第九届全国人民代表大会财政经济委员会关于《国务院关于提请审议财政部增发国债用于加快基础设施建设和今年中央财政预算调整方案（草案）的议案》的审查报告——1998 年 8 月 27 日第九届全国人民代表大会常务委员会第四次会议通过

**二十八、1999 年**

关于 1998 年国民经济和社会发展计划执行情况与 1999 年国民经济和社会发展计划草案的报告——1999 年 3 月 6 日在第九届全国人民代表大会第二次会议上　国家发展计划委员会主任　曾培炎

关于 1998 年中央和地方预算执行情况及 1999 年中央和地方预算草案的报告——1999 年 3 月 6 日在第九届全国人民代表大会第二次会议上　财政部部长　项怀诚

第九届全国人民代表大会财政经济委员会关于 1998 年国民经济和社会发展计划执行情况与 1999 年国民经济和社会发展计划草案的审查报告——1999 年 3 月 11 日第九届全国人民代表大会第二次会议主席团第二次会议通过

第九届全国人民代表大会财政经济委员会关于 1998 年中央和地方预算执行情况及 1999 年中央和地方预算草案的审查报告——1999 年 3 月 11 日第九届全国人民代表大会第二次会议主席团第二次会议通过

第九届全国人民代表大会第二次会议关于 1998 年中央和地

方预算执行情况及1999年中央和地方预算草案的决议——1999年3月15日通过

第九届全国人民代表大会第二次会议关于1998年国民经济和社会发展计划执行情况与1999年国民经济和社会发展计划的决议——1999年3月15日通过

关于1998年中央决算的报告（摘要）——1999年6月26日在第九届全国人民代表大会常务委员会第十次会议上　财政部部长　项怀诚

关于1998年中央预算执行和其他财政收支的审计工作报告——1999年6月26日在第九届全国人民代表大会常务委员会第十次会议上　审计署审计长　李金华

第九届全国人民代表大会财政经济委员会关于1998年中央决算的审查报告——1999年6月28日在第九届全国人民代表大会常务委员会第十次会议上　全国人大财政经济委员会副主任委员　郭振乾

国务院关于今年以来国民经济和社会发展计划执行情况的报告——1999年8月28日在第九届全国人民代表大会常务委员会第十一次会议上　国家发展计划委员会主任　曾培炎

**二十九、2000年**

关于1999年国民经济和社会发展计划执行情况与2000年国民经济和社会发展计划草案的报告——2000年3月6日在第九届全国人民代表大会第三次会议上　国家发展计划委员会主任　曾培炎

关于1999年中央和地方预算执行情况及2000年中央和地方预算草案的报告——2000年3月6日在第九届全国人民代表大会第三次会议上　财政部部长　项怀诚

第九届全国人民代表大会财政经济委员会关于1999年国民

经济和社会发展计划执行情况与2000年国民经济和社会发展计划草案的审查报告——2000年3月11日第九届全国人民代表大会第三次会议主席团第二次会议通过

第九届全国人民代表大会财政经济委员会关于1999年中央和地方预算执行情况及2000年中央和地方预算草案的审查报告——2000年3月11日第九届全国人民代表大会第三次会议主席团第二次会议通过

第九届全国人民代表大会第三次会议关于1999年国民经济和社会发展计划执行情况与2000年国民经济和社会发展计划的决议——2000年3月15日通过

第九届全国人民代表大会第三次会议关于1999年中央和地方预算执行情况及2000年中央和地方预算草案的决议——2000年3月15日通过

关于1999年中央预算执行和其他财政收支的审计工作报告——2000年7月6日在第九届全国人民代表大会常务委员会第十六次会议上　审计署审计长　李金华

关于1999年中央决算的报告（摘要）——2000年7月6日在第九届全国人民代表大会常务委员会第十六次会议上　财政部部长　项怀诚

第九届全国人民代表大会财政经济委员会关于1999年中央决算的审查报告——2000年7月8日在第九届全国人民代表大会常务委员会第十六次会议上　全国人大财政经济委员会副主任委员　郭振乾

国务院关于今年以来国民经济和社会发展计划执行情况的报告——2000年8月24日在第九届全国人民代表大会常务委员会第十七次会议上　国家发展计划委员会主任　曾培炎

第九届全国人民代表大会财政经济委员会关于《国务院关于提请审议财政部增发长期建设国债用于增加固定资产投入和2000年中央财政预算调整方案（草案）的议案》的审查报告——2000年8月25日在第九届全国人民代表大会常务委员会第十七次会议上　全国人大财政经济委员会主任委员　陈光毅

**三十、2001年**

关于国民经济和社会发展第十个五年计划纲要的报告——2001年3月5日在第九届全国人民代表大会第四次会议上　国务院总理　朱镕基

《关于国民经济和社会发展第十个五年计划纲要的报告》修改情况说明——2001年3月5日在第九届全国人民代表大会第四次会议上　国务院总理　朱镕基

关于2000年国民经济和社会发展计划执行情况与2001年国民经济和社会发展计划草案的报告——2001年3月6日在第九届全国人民代表大会第四次会议上　国家发展计划委员会主任　曾培炎

关于2000年中央和地方预算执行情况及2001年中央和地方预算草案的报告——2001年3月6日在第九届全国人民代表大会第四次会议上　财政部部长　项怀诚

第九届全国人民代表大会财政经济委员会关于2000年国民经济和社会发展计划执行情况与2001年国民经济和社会发展计划草案的审查报告——2001年3月12日第九届全国人民代表大会第四次会议主席团第二次会议通过

第九届全国人民代表大会财政经济委员会关于2000年中央和地方预算执行情况及2001年中央和地方预算草案的审查报告——2001年3月12日第九届全国人民代表大会第四次会议主席团第二次会议通过

第九届全国人民代表大会第四次会议关于2000年国民经济和社会发展计划执行情况与2001年国民经济和社会发展计划的决议——2001年3月15日通过

第九届全国人民代表大会第四次会议关于2000年中央和地方预算执行情况及2001年中央和地方预算的决议——2001年3月15日通过

第九届全国人民代表大会第四次会议关于国民经济和社会发展第十个五年计划纲要及关于纲要报告的决议——2001年3月15日通过

中华人民共和国国民经济和社会发展第十个五年计划纲要——2001年3月15日第九届全国人民代表大会第四次会议通过

关于2000年度中央预算执行和其他财政收支的审计工作报告——2001年6月28日在第九届全国人民代表大会常务委员会第二十二次会议上　审计署审计长　李金华

关于2000年中央决算的报告——2001年6月28日在第九届全国人民代表大会第二十二次会议上　财政部部长　项怀诚

第九届全国人民代表大会财政经济委员会关于2000年中央决算的书面审查报告——2001年6月30日第九届全国人民代表大会常务委员会第二十二次会议通过

国务院关于今年以来国民经济和社会发展计划执行情况的报告——2001年8月29日在第九届全国人民代表大会常务委员会第二十三次会议上　国家发展计划委员会主任　曾培炎

**三十一、2002年**

关于2001年国民经济和社会发展计划执行情况与2002年国民经济和社会发展计划草案的报告——2002年3月6日在第九届全国

人民代表大会第五次会议上　国家发展计划委员会主任　曾培炎

关于2001年中央和地方预算执行情况及2002年中央和地方预算草案的报告——2002年3月6日在第九届全国人民代表大会第五次会议上　财政部部长　项怀诚

第九届全国人民代表大会财政经济委员会关于2001年国民经济和社会发展计划执行情况与2002年国民经济和社会发展计划草案的审查报告——2002年3月12日第九届全国人民代表大会第五次会议主席团第二次会议通过

第九届全国人民代表大会财政经济委员会关于2001年中央和地方预算执行情况及2002年中央和地方预算草案的审查报告——2002年3月12日第九届全国人民代表大会第五次会议主席团第二次会议通过

第九届全国人民代表大会第五次会议关于2001年国民经济和社会发展计划执行情况与2002年国民经济和社会发展计划的决议——2002年3月15日通过

第九届全国人民代表大会第五次会议关于2001年中央和地方预算执行情况及2002年中央和地方预算草案的决议——2002年3月15日通过

关于2001年度中央预算执行和其他财政收支的审计工作报告——2002年6月26日在第九届全国人民代表大会常务委员会第二十八次会议上　审计署审计长　李金华

关于2001年中央决算的报告（摘要）——2002年6月26日在第九届全国人民代表大会常务委员会第二十八次会议上　财政部部长　项怀诚

全国人民代表大会财政经济委员会关于2001年中央决算的审查报告（书面）——2002年6月29日在第九届全国人民代表

大会常务委员会第二十八次会议上

国务院关于今年以来国民经济和社会发展计划执行情况的报告——2002 年 8 月 27 日在第九届全国人民代表大会常务委员会第二十九次会议上　国家发展计划委员会主任　曾培炎

**三十二、2003 年**

关于 2002 年国民经济和社会发展计划执行情况与 2003 年国民经济和社会发展计划草案的报告——2003 年 3 月 6 日在第十届全国人民代表大会第一次会议上　国家发展计划委员会主任　曾培炎

关于 2002 年中央和地方预算执行情况及 2003 年中央和地方预算草案的报告——2003 年 3 月 6 日在第十届全国人民代表大会第一次会议上　财政部部长　项怀诚

第十届全国人民代表大会财政经济委员会关于 2002 年国民经济和社会发展计划执行情况与 2003 年国民经济和社会发展计划草案的审查结果报告——2003 年 3 月 13 日第十届全国人民代表大会第一次会议主席团第三次会议通过

第十届全国人民代表大会财政经济委员会关于 2002 年中央和地方预算执行情况及 2003 年中央和地方预算草案的审查结果报告——2003 年 3 月 13 日第十届全国人民代表大会第一次会议主席团第三次会议通过

第十届全国人民代表大会第一次会议关于 2002 年中央和地方预算执行情况及 2003 年中央和地方预算的决议——2003 年 3 月 18 日通过

第十届全国人民代表大会第一次会议关于 2002 年国民经济和社会发展计划执行情况与 2003 年国民经济和社会发展计划草案的决议——2003 年 3 月 18 日通过

关于 2002 年度中央预算执行和其他财政收支的审计工作报

告——2003年6月26日在第十届全国人民代表大会常务委员会第三次会议上　审计署审计长　李金华

关于2002年中央决算的报告（摘要）——2003年6月25日在第十届全国人民代表大会常务委员会第三次会议上

第十届全国人民代表大会财政经济委员会关于2002年中央决算的书面审查报告——2003年6月27日在第十届全国人民代表大会常务委员会第三次会议上

**三十三、2004年**

关于2003年国民经济和社会发展计划执行情况与2004年国民经济和社会发展计划草案的报告——2004年3月6日在第十届全国人民代表大会第二次会议上　国家发展计划委员会主任　马凯

关于2003年中央和地方预算执行情况及2004年中央和地方预算草案的报告——2004年3月6日在第十届全国人民代表大会第二次会议上

第十届全国人民代表大会财政经济委员会关于2003年国民经济和社会发展计划执行情况与2004年国民经济和社会发展计划草案的审查结果报告——2004年3月12日第十届全国人民代表大会第二次会议主席团第二次会议通过

第十届全国人民代表大会财政经济委员会关于2003年中央和地方预算执行情况及2004年中央和地方预算草案的审查结果报告——2004年3月12日第十届全国人民代表大会第二次会议主席团第二次会议通过

第十届全国人民代表大会第二次会议关于2003年国民经济和社会发展计划执行情况与2004年国民经济和社会发展计划的决议——2004年3月14日通过

第十届全国人民代表大会第二次会议关于2003年中央和地方预算执行情况及2004年中央和地方预算的决议——2004年3月14日通过

关于2003年度中央预算执行和其他财政收支的审计工作报告——2004年6月23日在第十届全国人民代表大会常务委员会第十次会议上　审计署审计长　李金华

关于2003年中央决算的报告——2004年6月23日在第十届全国人民代表大会常务委员会第十次会议上

第十届全国人民代表大会财政经济委员会关于2003年中央决算的审查报告——2004年6月23日在第十届全国人民代表大会常务委员会第十次会议上

国务院关于今年以来国民经济和社会发展计划执行情况的报告——2004年8月26日在第十届全国人民代表大会常务委员会第十一次会议上　国家发展和改革委员会主任　马凯

国务院关于1998年特别国债付息问题的报告（书面）——2004年10月22日在第十届全国人民代表大会常务委员会第十二次会议上

**三十四、2005年**

关于2004年国民经济和社会发展计划执行情况与2005年国民经济和社会发展计划草案的报告——2005年3月5日在第十届全国人民代表大会第三次会议上　国家发展和改革委员会

关于2004年中央和地方预算执行情况及2005年中央和地方预算草案的报告——2005年3月5日在第十届全国人民代表大会第三次会议上　财政部

第十届全国人民代表大会财政经济委员会关于2004年国民经济和社会发展计划执行情况与2005年国民经济和社会发展计

划草案的审查结果报告——2005 年 3 月 10 日第十届全国人民代表大会第三次会议主席团第三次会议通过

第十届全国人民代表大会财政经济委员会关于 2004 年中央和地方预算执行情况及 2005 年中央和地方预算草案的审查结果报告——2005 年 3 月 10 日第十届全国人民代表大会第三次会议主席团第三次会议通过

第十届全国人民代表大会第三次会议关于 2004 年国民经济和社会发展计划执行情况与 2005 年国民经济和社会发展计划的决议——2005 年 3 月 14 日通过

第十届全国人民代表大会第三次会议关于 2004 年中央和地方预算执行情况及 2005 年中央和地方预算的决议——2005 年 3 月 14 日通过

关于 2004 年度中央预算执行和其他财政收支的审计工作报告——2005 年 6 月 28 日在第十届全国人民代表大会常务委员会第十六次会议上　审计署审计长　李金华

关于 2004 年中央决算的报告——2005 年 6 月 28 日在第十届全国人民代表大会常务委员会第十六次会议上

第十届全国人民代表大会财政经济委员会关于 2004 年中央决算的审查报告——2005 年 6 月 28 日在第十届全国人民代表大会常务委员会第十六次会议上　全国人大财政经济委员会副主任委员　刘积斌

**三十五、2006 年**

关于 2005 年国民经济和社会发展计划执行情况与 2006 年国民经济和社会发展计划草案的报告——2006 年 3 月 5 日在第十届全国人民代表大会第四次会议上　国家发展计划委员会主任　马凯

关于2005年中央和地方预算执行情况与2006年中央和地方预算草案的报告——2006年3月5日在第十届全国人民代表大会第四次会议上　财政部

第十届全国人民代表大会财政经济委员会关于2005年国民经济和社会发展计划执行情况与2006年国民经济和社会发展计划草案的审查结果报告——2006年3月10日第十届全国人民代表大会第四次会议主席团第二次会议通过

第十届全国人民代表大会财政经济委员会关于2005年中央和地方预算执行情况与2006年中央和地方预算草案的审查结果报告——2006年3月10日第十届全国人民代表大会第四次会议主席团第二次会议通过

第十届全国人民代表大会财政经济委员会关于国民经济和社会发展第十一个五年规划纲要草案的审查结果报告——2006年3月10日第十届全国人民代表大会第四次会议主席团第二次会议通过

第十届全国人民代表大会第四次会议关于2005年国民经济和社会发展计划执行情况与2006年国民经济和社会发展计划的决议——2006年3月14日通过

第十届全国人民代表大会第四次会议关于2005年中央和地方预算执行情况与2006年中央和地方预算的决议——2006年3月14日通过

第十届全国人民代表大会第四次会议关于国民经济和社会发展第十一个五年规划纲要的决议——2006年3月14日通过

中华人民共和国国民经济和社会发展第十一个五年规划纲要——2006年3月14日第十届全国人民代表大会第四次会议通过

关于2005年度中央预算执行的审计工作报告——2006年6月27日在第十届全国人民代表大会常务委员会第二十二次会议上　审计署审计长　李金华

关于2005年中央决算的报告——2006年6月27日在第十届全国人民代表大会常务委员会第二十二次会议上

第十届全国人民代表大会财政经济委员会关于2005年中央决算的审查报告——2006年6月27日在第十届全国人民代表大会常务委员会第二十二次会议上　全国人大财政经济委员会主任委员　傅志寰

国务院关于今年以来国民经济和社会发展计划执行情况的报告——2006年8月25日在第十二届全国人民代表大会常务委员会第二十二次会议上　国家发展和改革委员会主任　马凯

**三十六、2007年**

关于2006年国民经济和社会发展计划执行情况与2007年国民经济和社会发展计划草案的报告——2007年3月5日在第十届全国人民代表大会第五次会议上　国家发展和改革委员会

关于2006年中央和地方预算执行情况与2007年中央和地方预算草案的报告——2007年3月5日在第十届全国人民代表大会第五次会议上　财政部

关于2006年与2007年国民经济和社会发展计划报告（摘要）——2007年3月5日　国家发展和改革委员会

关于2006年与2007年中央和地方预算的报告（摘要）——2007年3月5日　财政部

第十届全国人民代表大会财政经济委员会关于2006年国民经济和社会发展计划执行情况与2007年国民经济和社会发展计划草案的审查结果报告——2007年3月12日第十届全国人民代

表大会第五次会议主席团第二次会议通过

第十届全国人民代表大会财政经济委员会关于2006年中央和地方预算执行情况与2007年中央和地方预算草案的审查结果报告——2007年3月12日第十届全国人民代表大会第五次会议主席团第二次会议通过

第十届全国人民代表大会第五次会议关于2006年国民经济和社会发展计划执行情况与2007年国民经济和社会发展计划的决议——2007年3月16日通过

第十届全国人民代表大会第五次会议关于2006年中央和地方预算执行情况与2007年中央和地方预算的决议——2007年3月16日通过

国务院关于2006年度中央预算执行和其他财政收支的审计工作报告——2007年6月27日在第十届全国人民代表大会常务委员会第二十八次会议上　审计署审计长　李金华

国务院关于2006年中央决算的报告——2007年6月27日在第十届全国人民代表大会常务委员会第二十八次会议上

第十届全国人民代表大会财政经济委员会关于2006年中央决算的审查报告——2007年6月27日在第十届全国人民代表大会常务委员会第二十八次会议上　全国人大财政经济委员会副主任委员　石广生

国务院关于规范财政转移支付情况的报告——2007年6月27日在第十届全国人民代表大会常务委员会第二十八次会议上

国务院关于今年以来国民经济和社会发展计划执行情况的报告——2007年8月29日在第十届全国人民代表大会常务委员会第二十九次会议上　国家发展和改革委员会主任　马凯

**三十七、2008 年**

关于 2007 年国民经济和社会发展计划执行情况与 2008 年国民经济和社会发展计划草案的报告——2008 年 3 月 6 日在第十一届全国人民代表大会第一次会议上　国家发展和改革委员会

关于 2007 年中央和地方预算执行情况与 2008 年中央和地方预算草案的报告——2008 年 3 月 6 日在第十一届全国人民代表大会第一次会议上　财政部

第十一届全国人民代表大会财政经济委员会关于 2007 年国民经济和社会发展计划执行情况与 2008 年国民经济和社会发展计划草案的审查结果报告——2008 年 3 月 11 日第十一届全国人民代表大会第一次会议主席团第二次会议通过

第十一届全国人民代表大会财政经济委员会关于 2007 年中央和地方预算执行情况与 2008 年中央和地方预算草案的审查结果报告——2008 年 3 月 11 日第十一届全国人民代表大会第一次会议主席团第二次会议通过

第十一届全国人民代表大会第一次会议关于 2007 年国民经济和社会发展计划执行情况与 2008 年国民经济和社会发展计划的决议——2008 年 3 月 18 日通过

第十一届全国人民代表大会第一次会议关于 2007 年中央和地方预算执行情况与 2008 年中央和地方预算的决议——2008 年 3 月 18 日通过

第十一届全国人民代表大会财政经济委员会关于《国务院关于提请审议 2008 年中央预算调整方案（草案）的议案》的审查报告——2008 年 6 月 24 日在第十一届全国人民代表大会常务委员会第三次会议上　全国人大财政经济委员会副主任委员　朱志刚

国务院关于今年以来国民经济和社会发展计划执行情况的报

告——2008 年 8 月 27 日在第十一届全国人民代表大会常务委员会第四次会议上　国家发展和改革委员会副主任　朱之鑫

国务院关于 2007 年中央决算的报告——2008 年 8 月 27 日在第十一届全国人民代表大会常务委员会第四次会议上　财政部部长　谢旭人

第十一届全国人民代表大会财政经济委员会关于 2007 年中央决算的审查报告——2008 年 8 月 27 日在第十一届全国人民代表大会常务委员会第四次会议上　全国人大财政经济委员会副主任委员　朱志刚

国务院关于 2007 年度中央预算执行和其他财政收支的审计工作报告——2008 年 8 月 27 日在第十一届全国人民代表大会常务委员会第四次会议上　审计署审计长　刘家义

国务院关于积极采取措施应对国际金融危机确保国民经济平稳较快发展情况的报告——2008 年 12 月 24 日在第十一届全国人民代表大会常务委员会第六次会议上　国家发展和改革委员会主任　张平

国务院关于“十一五”规划纲要实施中期情况的报告——2008 年 12 月 24 日在第十一届全国人民代表大会常务委员会第六次会议上　国家发展和改革委员会主任　张平

**三十八、2009 年**

关于 2008 年国民经济和社会发展计划执行情况与 2009 年国民经济和社会发展计划草案的报告——2009 年 3 月 5 日在第十一届全国人民代表大会第二次会议上　国家发展和改革委员会

关于 2008 年中央和地方预算执行情况与 2009 年中央和地方预算草案的报告——2009 年 3 月 5 日在第十一届全国人民代表大会第二次会议上　财政部

第十一届全国人民代表大会财政经济委员会关于2008年国民经济和社会发展计划执行情况与2009年国民经济和社会发展计划草案的审查结果报告——2009年3月9日第十一届全国人民代表大会第二次会议主席团第二次会议通过

第十一届全国人民代表大会财政经济委员会关于2008年中央和地方预算执行情况与2009年中央和地方预算草案的审查结果报告——2009年3月9日第十一届全国人民代表大会第二次会议主席团第二次会议通过

第十一届全国人民代表大会第二次会议关于2008年国民经济和社会发展计划执行情况与2009年国民经济和社会发展计划的决议——2009年3月13日通过

第十一届全国人民代表大会第二次会议关于2008年中央和地方预算执行情况与2009年中央和地方预算的决议——2009年3月13日通过

国务院关于2008年度中央预算执行和其他财政收支的审计工作报告——2009年6月24日在第十一届全国人民代表大会常务委员会第九次会议上　审议署审计长　刘家义

国务院关于2008年中央决算的报告——2009年6月24日在第十一届全国人民代表大会常务委员会第九次会议上　财政部部长　谢旭人

第十一届全国人民代表大会财政经济委员会关于2008年中央决算的审查报告——2009年6月24日在第十一届全国人民代表大会常务委员会第九次会议上　全国人大财政经济委员会副主任委员　高强

全国人民代表大会常务委员会关于批准2008年中央决算的决议——2009年6月27日第十一届全国人民代表大会常务委员

会第九次会议通过

国务院关于今年以来国民经济和社会发展计划执行情况的报告——2009年8月25日在第十一届全国人民代表大会第十次会议上　国家发展和改革委员会主任　张平

**三十九、2010年**

关于2009年国民经济和社会发展计划执行情况与2010年国民经济和社会发展计划草案的报告——2010年3月5日在第十一届全国人民代表大会第三次会议上　国家发展和改革委员会

关于2009年中央和地方预算执行情况与2010年中央和地方预算草案的报告——2010年3月5日在第十一届全国人民代表大会第三次会议上　财政部

第十一届全国人民代表大会财政经济委员会关于2009年国民经济和社会发展计划执行情况与2010年国民经济和社会发展计划草案的审查结果报告——2010年3月9日第十一届全国人民代表大会第三次会议主席团第二次会议通过

第十一届全国人民代表大会财政经济委员会关于2009年中央和地方预算执行情况与2010年中央和地方预算草案的审查结果报告——2010年3月9日第十一届全国人民代表大会第三次会议主席团第二次会议通过

关于2009年国民经济和社会发展计划执行情况与2010年国民经济和社会发展计划的决议——2010年3月14日第十一届全国人民代表大会第三次会议通过

第十一届全国人民代表大会第三次会议关于2009年中央和地方预算执行情况与2010年中央和地方预算的决议——2010年3月14日通过

国务院关于2009年度中央预算执行和其他财政收支的审计

工作报告——2010年6月23日在第十一届全国人民代表大会常务委员会第十五次会议上　审计署审计长　刘家义

国务院关于2009年中央决算的报告——2010年6月23日在第十一届全国人民代表大会常务委员会第十五次会议上　财政部部长　谢旭人

第十一届全国人民代表大会财政经济委员会关于2009年中央决算审查结果的报告——2010年6月25日在第十一届全国人民代表大会常务委员会第十五次会议上　全国人大财政经济委员会副主任委员　高强

国务院关于今年以来预算执行情况的报告——2010年8月26日在第十一届全国人民代表大会常务委员会第十六次会议上　财政部部长　谢旭人

国务院关于今年以来国民经济和社会发展计划执行情况的报告——2010年8月26日在第十一届全国人民代表大会常务委员会第十六次会议上　国家发展和改革委员会主任　张平

**四十、2011年**

关于2010年国民经济和社会发展计划执行情况与2011年国民经济和社会发展计划草案的报告——2011年3月5日在第十一届全国人民代表大会第四次会议上　国家发展和改革委员会

关于2010年中央和地方预算执行情况与2011年中央和地方预算草案的报告——2011年3月5日在第十一届全国人民代表大会第四次会议上　财政部

第十一届全国人民代表大会财政经济委员会关于2010年国民经济和社会发展计划执行情况与2011年国民经济和社会发展计划草案的审查结果报告——2011年3月10日第十一届全国人民代表大会第四次会议主席团第二次会议通过

第十一届全国人民代表大会财政经济委员会关于2010年中央和地方预算执行情况与2011年中央和地方预算草案的审查结果报告——2011年3月10日第十一届全国人民代表大会第四次会议主席团第二次会议通过

第十一届全国人民代表大会财政经济委员会关于国民经济和社会发展第十二个五年规划纲要草案的审查结果报告——2011年3月10日第十一届全国人民代表大会第四次会议主席团第二次会议通过

第十一届全国人民代表大会第四次会议关于2010年国民经济和社会发展计划执行情况与2011年国民经济和社会发展计划的决议——2011年3月14日通过

第十一届全国人民代表大会第四次会议关于2010年中央和地方预算执行情况与2011年中央和地方预算的决议——2011年3月14日通过

第十一届全国人民代表大会第四次会议关于国民经济和社会发展第十二个五年规划纲要的决议——2011年3月14日通过

中华人民共和国国民经济和社会发展第十二个五年规划纲要——2011年3月14日第十一届全国人民代表大会第四次会议通过

中华人民共和国国民经济和社会发展第十二个五年规划纲要(有图)

国务院关于2010年度中央预算执行和其他财政收支的审计工作报告——2011年6月27日在第十一届全国人民代表大会常务委员会第二十一次会议上　审计署审计长　刘家义

国务院关于2010年中央决算的报告——2011年6月27日在第十一届全国人民代表大会常务委员会第二十一次会议上　财政部部

长　谢旭人

第十一届全国人民代表大会财政经济委员会关于2010年中央决算审查结果的报告——2011年6月27日在第十一届全国人民代表大会常务委员会第二十一次会议上　全国人大财政经济委员会副主任委员　高强

全国人民代表大会常务委员会关于批准2010年中央决算的决议——2011年6月30日第十一届全国人民代表大会常务委员会第二十一次会议通过

国务院关于今年以来国民经济和社会发展计划执行情况的报告——2011年8月25日在第十一届全国人民代表大会常务委员会第二十二次会议上　国家发展和改革委员会主任　张平

国务院关于今年以来预算执行情况的报告——2011年8月25日在第十一届全国人民代表大会常务委员会第二十二次会议上　财政部部长　谢旭人

**四十一、2012年**

关于2011年国民经济和社会发展计划执行情况与2012年国民经济和社会发展计划草案的报告——2012年3月5日在第十一届全国人民代表大会第五次会议上　国家发展和改革委员会

关于2011年中央和地方预算执行情况与2012年中央和地方预算草案的报告——2012年3月5日在第十一届全国人民代表大会第五次会议上　财政部

第十一届全国人民代表大会财政经济委员会关于2011年国民经济和社会发展计划执行情况与2012年国民经济和社会发展计划草案的审查结果报告——2012年3月10日第十一届全国人民代表大会第五次会议主席团第二次会议通过

第十一届全国人民代表大会财政经济委员会关于2011年中

央和地方预算执行情况与 2012 年中央和地方预算草案的审查结果报告——2012 年 3 月 10 日第十一届全国人民代表大会第五次会议主席团第二次会议通过

第十一届全国人民代表大会第五次会议关于 2011 年国民经济和社会发展计划执行情况与 2012 年国民经济和社会发展计划的决议——2012 年 3 月 14 日通过

第十一届全国人民代表大会第五次会议关于 2011 年中央和地方预算执行情况与 2012 年中央和地方预算的决议——2012 年 3 月 14 日通过

国务院关于 2011 年度中央预算执行和其他财政收支的审计工作报告——2012 年 6 月 27 日在第十一届全国人民代表大会常务委员会第二十七次会议上　审计署审计长　刘家义

国务院关于 2011 年中央决算的报告——2012 年 6 月 27 日在第十一届全国人民代表大会常务委员会第二十七次会议上　财政部部长　谢旭人

第十一届全国人民代表大会财政经济委员会关于 2011 年中央决算审查结果的报告——2012 年 6 月 27 日在第十一届全国人民代表大会常务委员会第二十七次会议上　全国人大财政经济委员会主任委员　石秀诗

全国人民代表大会常务委员会关于批准 2011 年中央决算的决议——2012 年 6 月 30 日第十一届全国人民代表大会常务委员会第二十七次会议通过

国务院关于今年以来国民经济和社会发展计划执行情况的报告——2012 年 8 月 29 日在第十一届全国人民代表大会常务委员会第二十八次会议上　国家发展和改革委员会主任　张平

国务院关于今年以来预算执行情况的报告——2012 年 8 月

29日在第十一届全国人民代表大会常务委员会第二十八次会议上　财政部部长　谢旭人

**四十二、2013年**

关于2012年国民经济和社会发展计划执行情况与2013年国民经济和社会发展计划草案的报告——2013年3月5日在第十二届全国人民代表大会第一次会议上　国家发展和改革委员会

关于2012年中央和地方预算执行情况与2013年中央和地方预算草案的报告——2013年3月5日在第十二届全国人民代表大会第一次会议上　财政部

第十二届全国人民代表大会财政经济委员会关于2012年国民经济和社会发展计划执行情况与2013年国民经济和社会发展计划草案的审查结果报告——2013年3月9日第十二届全国人民代表大会第一次会议主席团第二次会议通过

第十二届全国人民代表大会财政经济委员会关于2012年中央和地方预算执行情况与2013年中央和地方预算草案的审查结果报告——2013年3月9日第十二届全国人民代表大会第一次会议主席团第二次会议通过

第十二届全国人民代表大会第一次会议关于2012年国民经济和社会发展计划执行情况与2013年国民经济和社会发展计划的决议——2013年3月17日通过

第十二届全国人民代表大会第一次会议关于2012年中央和地方预算执行情况与2013年中央和地方预算的决议——2013年3月17日通过

国务院关于2012年度中央预算执行和其他财政收支的审计工作报告——2013年6月27日在第十二届全国人民代表大会常务委员会第三次会议上　审计署审计长　刘家义

国务院关于2012年中央决算的报告——2013年6月27日在第十二届全国人民代表大会常务委员会第三次会议上　财政部部长　楼继伟

第十二届全国人民代表大会财政经济委员会关于2012年中央决算审查结果的报告——2013年6月27日在第十二届全国人民代表大会常务委员会第三次会议上　全国人大财政经济委员会副主任委员　廖晓军

第十二届全国人民代表大会常务委员会关于批准2012年中央决算的决议——2013年6月29日第十二届全国人民代表大会常务委员会第三次会议通过

国务院关于今年以来国民经济和社会发展计划执行情况的报告——2013年8月28日在第十二届全国人民代表大会常务委员会第四次会议上　国家发展和改革委员会主任　徐绍史

国务院关于今年以来预算执行情况的报告——2013年8月28日在第十二届全国人民代表大会常务委员会第四次会议上　财政部部长　楼继伟

对今年以来国民经济和社会发展计划执行情况报告的意见和建议——2013年8月29日

对今年以来预算执行情况报告的意见和建议——2013年8月29日

关于《中华人民共和国国民经济和社会发展第十二个五年规划纲要》实施中期评估报告——2013年12月25日在第十二届全国人民代表大会常务委员会第六次会议上　国家发展和改革委员会主任　徐绍史

对“十二五”规划纲要实施中期评估报告的意见和建议——2013年12月26日

**四十三、2014 年**

关于 2013 年国民经济和社会发展计划执行情况与 2014 年国民经济和社会发展计划草案的报告——2014 年 3 月 5 日在第十二届全国人民代表大会第二次会议上　国家发展和改革委员会

关于 2013 年中央和地方预算执行情况与 2014 年中央和地方预算草案的报告——2014 年 3 月 5 日在第十二届全国人民代表大会第二次会议上　财政部

第十二届全国人民代表大会财政经济委员会关于 2013 年国民经济和社会发展计划执行情况与 2014 年国民经济和社会发展计划草案的审查结果报告——2014 年 3 月 9 日第十二届全国人民代表大会第二次会议主席团第二次会议通过

第十二届全国人民代表大会财政经济委员会关于 2013 年中央和地方预算执行情况与 2014 年中央和地方预算草案的审查结果报告——2014 年 3 月 9 日第十二届全国人民代表大会第二次会议主席团第二次会议通过

第十二届全国人民代表大会第二次会议关于 2013 年国民经济和社会发展计划执行情况与 2014 年国民经济和社会发展计划的决议——2014 年 3 月 13 日通过

第十二届全国人民代表大会第二次会议关于 2013 年中央和地方预算执行情况与 2014 年中央和地方预算的决议——2014 年 3 月 13 日通过

国务院关于 2013 年度中央预算执行和其他财政收支的审计工作报告——2014 年 6 月 24 日在第十二届全国人民代表大会常务委员会第九次会议上　审计署审计长　刘家义

国务院关于 2013 年中央决算的报告——2014 年 6 月 24 日在第十二届全国人民代表大会常务委员会第九次会议上　财政部部

长　楼继伟

第十二届全国人民代表大会财政经济委员会关于2013年中央决算审查结果的报告——2014年6月24日在第十二届全国人民代表大会常务委员会第九次会议上　全国人大财政经济委员会副主任委员　廖晓军

对中央决算报告和审计工作报告的意见和建议——2014年6月25日

第十二届全国人民代表大会常务委员会关于批准2013年中央决算的决议——2014年6月27日第十二届全国人民代表大会常务委员会第九次会议通过

国务院关于今年以来国民经济和社会发展计划执行情况的报告——2014年8月27日在第十二届全国人民代表大会常务委员会第十次会议上　国家发展和改革委员会主任　徐绍史

国务院关于今年以来预算执行情况的报告——2014年8月27日在第十二届全国人民代表大会常务委员会第十次会议上　财政部部长　楼继伟

**四十四、2015年**

关于2014年国民经济和社会发展计划执行情况与2015年国民经济和社会发展计划草案的报告——2015年3月5日在第十二届全国人民代表大会第三次会议上　国家发展和改革委员会

关于2014年中央和地方预算执行情况与2015年中央和地方预算草案的报告——2015年3月5日在第十二届全国人民代表大会第三次会议上　财政部

第十二届全国人民代表大会财政经济委员会关于2014年国民经济和社会发展计划执行情况与2015年国民经济和社会发展计划草案的审查结果报告——2015年3月12日第十二届全国人

民代表大会第三次会议主席团第二次会议通过

第十二届全国人民代表大会财政经济委员会关于2014年中央和地方预算执行情况与2015年中央和地方预算草案的审查结果报告——2015年3月12日第十二届全国人民代表大会第三次会议主席团第二次会议通过

第十二届全国人民代表大会第三次会议关于2014年国民经济和社会发展计划执行情况与2015年国民经济和社会发展计划的决议——2015年3月15日通过

第十二届全国人民代表大会第三次会议关于2014年中央和地方预算执行情况与2015年中央和地方预算的决议——2015年3月15日通过

第十二届全国人民代表大会第三次会议关于全国人民代表大会常务委员会工作报告的决议——2015年3月15日通过

国务院关于2014年中央决算的报告——2015年6月28日在第十二届全国人民代表大会常务委员会第十五次会议上　财政部部长　楼继伟

国务院关于2014年度中央预算执行和其他财政收支的审计工作报告——2015年6月28日在第十二届全国人民代表大会常务委员会第十五次会议上　审计署审计长　刘家义

对中央决算报告和审计工作报告的意见和建议——2015年6月28日

第十二届全国人民代表大会财政经济委员会关于2014年中央决算审查结果的报告——2015年6月28日在第十二届全国人民代表大会常务委员会第十五次会议上　全国人大财政经济委员会副主任委员　廖晓军

第十二届全国人民代表大会常务委员会关于批准2014年中

央决算的决议——2015 年 7 月 1 日第十二届全国人民代表大会常务委员会第十五次会议通过

国务院关于提请审议批准 2015 年地方政府债务限额的议案——2015 年 7 月 29 日

第十二届全国人民代表大会财政经济委员会关于《国务院关于提请审议批准 2015 年地方政府债务限额的议案》的审查报告——2015 年 8 月 24 日在第十二届全国人民代表大会常务委员会第十六次会议上

第十二届全国人民代表大会常务委员会办公厅关于“十三五”规划纲要编制工作若干重要问题专题调研工作情况的报告——2015 年 8 月 27 日在第十二届全国人民代表大会常务委员会第十六次会议上

国务院关于今年以来国民经济和社会发展计划执行情况的报告——2015 年 8 月 27 日在第十二届全国人民代表大会常务委员会第十六次会议上　国家发展和改革委员会主任　徐绍史

对今年以来国民经济和社会发展计划执行情况报告的意见和建议——2015 年 8 月 28 日

国务院关于今年以来预算执行情况的报告——2015 年 8 月 27 日在第十二届全国人民代表大会常务委员会第十六次会议上　财政部部长　楼继伟

对今年以来预算执行情况报告的意见和建议——2015 年 8 月 28 日

第十二届全国人民代表大会常务委员会关于批准《国务院关于提请审议批准 2015 年地方政府债务限额的议案》的决议——2015 年 8 月 29 日第十二届全国人民代表大会常务委员会第十六次会议通过

国务院关于规范地方政府债务管理工作情况的报告——2015年12月22日在第十二届全国人民代表大会常务委员会第十八次会议上　财政部部长　楼继伟

对规范地方政府债务管理工作情况报告的意见和建议——2015年12月24日

国务院关于2014年度中央预算执行和其他财政收支审计查出问题整改情况的报告——2015年12月22日在第十二届全国人民代表大会常务委员会第十八次会议上　审计署审计长　刘家义

对2014年度中央预算执行和其他财政收支审计查出问题整改情况报告的意见和建议——2015年12月24日

**四十五、2016年**

关于2015年国民经济和社会发展计划执行情况与2016年国民经济和社会发展计划草案的报告——2016年3月5日在第十二届全国人民代表大会第四次会议上　国家发展和改革委员会

关于2015年中央和地方预算执行情况与2016年中央和地方预算草案的报告——2016年3月5日在第十二届全国人民代表大会第四次会议上

第十二届全国人民代表大会财政经济委员会关于2015年国民经济和社会发展计划执行情况与2016年国民经济和社会发展计划草案的审查结果报告——2016年3月13日第十二届全国人民代表大会第四次会议主席团第二次会议通过

第十二届全国人民代表大会财政经济委员会关于2015年中央和地方预算执行情况与2016年中央和地方预算草案的审查结果报告——2016年3月13日第十二届全国人民代表大会第四次会议主席团第二次会议通过

第十二届全国人民代表大会财政经济委员会关于国民经济和

社会发展第十三个五年规划纲要草案的审查结果报告——2016年3月13日第十二届全国人民代表大会常务委员会第四次会议主席团第二次会议通过

关于2015年国民经济和社会发展计划执行情况与2016年国民经济和社会发展计划草案的报告——2016年3月16日第十二届全国人民代表大会第四次会议通过

第十二届全国人民代表大会第四次会议关于2015年国民经济和社会发展计划执行情况与2016年国民经济和社会发展计划的决议——2016年3月16日第十二届全国人民代表大会第四次会议通过

第十二届全国人民代表大会第四次会议关于2015年中央和地方预算执行情况与2016年中央和地方预算的决议——2016年3月16日第十二届全国人民代表大会第四次会议通过

中华人民共和国国民经济和社会发展第十三个五年规划纲要——2016年3月16日通过

第十二届全国人民代表大会第四次会议关于国民经济和社会发展第十三个五年规划纲要的决议——2016年3月16日第十二届全国人民代表大会第四次会议通过

对中央决算报告和审计工作报告的意见和建议——2016年6月26日

国务院关于2015年中央决算的报告——2016年6月29日第十二届全国人民代表大会常务委员会第二十一次会议上　财政部部长　楼继伟

第十二届全国人民代表大会财政经济委员会关于2015年中央决算审查结果的报告——2016年6月29日在第十二届全国人民代表大会常务委员会第二十一次会议上　全国人大财政经济委

员会副主任委员　廖晓军

国务院关于2015年度中央预算执行和其他财政收支的审计工作报告——2016年6月29日在第十二届全国人民代表大会常务委员会第二十一次会议上　审计署审计长　刘家义

第十二届全国人民代表大会常务委员会关于批准2015年中央决算的决议——2016年7月2日第十二届全国人民代表大会常务委员会第二十一次会议通过

国务院关于今年以来国民经济和社会发展计划执行情况的报告——2016年8月31日在第十二届全国人民代表大会常务委员会第二十二次会议上

对今年以来国民经济和社会发展计划执行情况报告的意见和建议——2016年9月1日

国务院关于今年以来预算执行情况的报告——2016年8月31日在第十二届全国人民代表大会常务委员会第二十二次会议上　财政部部长　楼继伟

对今年以来预算执行情况报告的意见和建议——2016年9月1日

关于《2016年中央预算调整方案（草案）》的说明——2016年10月31日在第十二届全国人民代表大会常务委员会第二十四次会议上　财政部副部长　刘昆

第十二届全国人民代表大会财政经济委员会关于《国务院关于提请审议2016年中央预算调整方案（草案）的议案》的审查结果报告——2016年10月31日在第十二届全国人民代表大会常务委员会第二十四次会议上　全国人大财政经济委员会副主任委员　廖晓军

第十二届全国人民代表大会常务委员会关于批准2016年中

央预算调整方案的决议——2016 年 11 月 7 日第十二届全国人民代表大会常务委员会第二十四次会议批准

国务院关于 2015 年度中央预算执行和其他财政收支审计查出问题整改情况的报告——2016 年 12 月 23 日在第十二届全国人民代表大会常务委员会第二十五次会议上　审计署审计长　刘家义

对 2015 年度中央预算执行和其他财政收支审计查出问题整改情况报告的意见和建议——2016 年 12 月 23 日

国务院关于深化财政转移支付制度改革情况的报告——2016 年 12 月 23 日在第十二届全国人民代表大会常务委员会第二十五次会议上　财政部部长　肖捷

对深化财政转移支付制度改革情况报告的意见和建议——2016 年 12 月 23 日

**四十六、2017 年**

关于 2016 年国民经济和社会发展计划执行情况与 2017 年国民经济和社会发展计划草案的报告——2017 年 3 月 5 日在第十二届全国人民代表大会第五次会议上

关于 2016 年中央和地方预算执行情况与 2017 年中央和地方预算草案的报告——2017 年 3 月 5 日在第十二届全国人民代表大会第五次会议上

第十二届全国人民代表大会财政经济委员会关于 2016 年国民经济和社会发展计划执行情况与 2017 年国民经济和社会发展计划草案的审查结果报告——2017 年 3 月 12 日第十二届全国人民代表大会第五次会议主席团第二次会议通过

第十二届全国人民代表大会财政经济委员会关于 2016 年中央和地方预算执行情况与 2017 年中央和地方预算草案的审查结

果报告——2017年3月12日第十二届全国人民代表大会第五次会议主席团第二次会议通过

第十二届全国人民代表大会第五次会议关于2016年国民经济和社会发展计划执行情况与2017年国民经济和社会发展计划的决议——2017年3月15日第十二届全国人民代表大会第五次会议通过

第十二届全国人民代表大会第五次会议关于2016年中央和地方预算执行情况与2017年中央和地方预算的决议——2017年3月15日第十二届全国人民代表大会第五次会议通过

国务院关于2016年度中央预算执行和其他财政收支的审计工作报告——2017年6月23日在第十二届全国人民代表大会常务委员会第二十八次会议上　审计署审计长　胡泽君

第十二届全国人民代表大会财政经济委员会关于2016年中央决算草案审查结果的报告——2017年6月23日在第十二届全国人民代表大会常务委员会第二十八次会议上　全国人大财政经济委员会副主任委员　刘昆

对中央决算报告和审计工作报告的意见和建议——2017年6月26日

第十二届全国人民代表大会常务委员会关于批准2016年中央决算的决议——2017年6月27日第十二届全国人民代表大会常务委员会第二十八次会议通过

关于2016年中央决算的报告——2017年6月30日在第十二届全国人民代表大会常务委员会第二十八次会议上

关于今年以来国民经济和社会发展计划执行情况的报告——2017年8月29日在第十二届全国人民代表大会常务委员会第二十九次会议上　国家发展和改革委员会主任　何立峰

对今年以来国民经济和社会发展计划执行情况报告的意见和建议——2017 年 8 月 31 日

国务院关于今年以来预算执行情况的报告——2017 年 8 月 29 日在第十二届全国人民代表大会常务委员会第二十九次会议上　财政部部长　肖捷

对今年以来预算执行情况报告的意见和建议——2017 年 8 月 31 日

国务院关于 2016 年度中央预算执行和其他财政收支审计查出问题整改情况的报告——2017 年 12 月 23 日在第十二届全国人民代表大会常务委员会第三十一次会议上　审计署审计长　胡泽君

对 2016 年度中央预算执行和其他财政收支审计查出问题整改情况的报告的意见和建议——2016 年 12 月 25 日

**四十七、2018 年**

关于 2017 年国民经济和社会发展计划执行情况与 2018 年国民经济和社会发展计划草案的报告——2018 年 3 月 5 日在第十三届全国人民代表大会第一次会议上　国家发展和改革委员会

关于 2017 年中央和地方预算执行情况与 2018 年中央和地方预算草案的报告——2018 年 3 月 5 日在第十三届全国人民代表大会第一次会议上　财政部

第十三届全国人民代表大会财政经济委员会关于 2017 年国民经济和社会发展计划执行情况与 2018 年国民经济和社会发展计划草案的审查结果报告——2018 年 3 月 15 日第十三届全国人民代表大会第一次会议主席团第五次会议通过

第十三届全国人民代表大会财政经济委员会关于 2017 年中央和地方预算执行情况与 2018 年中央和地方预算草案的审查结

果报告——2018年3月15日第十三届全国人民代表大会第一次会议主席团第五次会议通过

第十三届全国人民代表大会第一次会议关于2017年国民经济和社会发展计划执行情况与2018年国民经济和社会发展计划的决议——2018年3月20日第十三届全国人民代表大会第一次会议通过

第十三届全国人民代表大会第一次会议关于2017年中央和地方预算执行情况与2018年中央和地方预算草案的决议——2018年3月20日第十三届全国人民代表大会第一次通过

国务院关于2017年度中央预算执行和其他财政收支的审计工作报告——2018年6月20日在第十三届全国人民代表大会常务委员会第三次会议上　审计署审计长　胡泽君

国务院关于2017年中央决算的报告——2018年6月20日在第十三届全国人民代表大会常务委员会第三次会议上　财政部部长　刘昆

第十三届全国人民代表大会财政经济委员会关于2017年中央决算草案审查结果的报告——2018年6月20日在第十三届全国人民代表大会常务委员会第三次会议上　全国人大财政经济委员会主任委员　徐绍史

第十三届全国人民代表大会常务委员会关于批准2017年中央决算的决议——2018年6月22日第十三届全国人民代表大会常务委员会第三次会议通过

对中央决算报告和审计工作报告的意见和建议——2018年6月27日

国务院关于今年以来国民经济和社会发展计划执行情况的报告——2018年8月28日在第十三届全国人民代表大会常务委员

会第五次会议上　国家发展和改革委员会主任　何立峰

国务院关于今年以来预算执行情况的报告——2018 年 8 月 28 日在第十三届全国人民代表大会常务委员会第五次会议上　财政部部长　刘昆

对今年以来国民经济和社会发展计划执行情况报告的意见和建议——2018 年 8 月 29 日

对今年以来预算执行情况报告的意见和建议——2018 年 8 月 29 日

国务院关于 2017 年度中央预算执行和其他财政收支审计查出问题整改情况的报告——2018 年 12 月 24 日在第十三届全国人民代表大会常务委员会第七次会议上　审计署审计长　胡泽君

第十三届全国人民代表大会财政经济委员会关于《中华人民共和国国民经济和社会发展第十三个五年规划纲要》实施中期评估的调研报告——2018 年 12 月 24 日在第十三届全国人民代表大会常务委员会第七次会议上　全国人大财政经济委员会主任委员　徐绍史

国务院关于《中华人民共和国国民经济和社会发展第十三个五年规划纲要》实施中期评估报告——2018 年 12 月 24 日在第十三届全国人民代表大会常务委员会第七次会议上　国家发展和改革委员会主任　何立峰

对“十三五”规划纲要实施中期评估报告的意见和建议——2018 年 12 月 27 日

对 2017 年度中央预算执行和其他财政收支审计查出问题整改情况报告的意见和建议——2018 年 12 月 27 日

**四十八、2019 年**

关于 2018 年国民经济和社会发展计划执行情况与 2019 年国

民经济和社会发展计划草案的报告——2019 年 3 月 5 日在第十三届全国人民代表大会第二次会议上

关于 2018 年中央和地方预算执行情况与 2019 年中央和地方预算草案的报告——2019 年 3 月 5 日在第十三届全国人民代表大会第二次会议上　国家发展和改革委员会

第十三届全国人民代表大会财政经济委员会关于 2018 年国民经济和社会发展计划执行情况与 2019 年国民经济和社会发展计划草案的审查结果报告——2019 年 3 月 5 日在第十三届全国人民代表大会第二次会议上

第十三届全国人民代表大会财政经济委员会关于 2018 年中央和地方预算执行情况与 2019 年中央和地方预算草案的审查结果报告——2019 年 3 月 12 日第十三届全国人民代表大会第二次会议主席团第二次会议通过

第十三届全国人民代表大会第二次会议关于 2018 年国民经济和社会发展计划执行情况与 2019 年国民经济和社会发展计划的决议——2019 年 3 月 15 日第十三届全国人民代表大会第二次会议通过

第十三届全国人民代表大会第二次会议关于 2018 年中央和地方预算执行情况与 2019 年中央和地方预算的决议——2019 年 3 月 15 日在第十三届全国人民代表大会第二次会议通过

对中央决算报告和审计工作报告的意见和建议——2019 年 6 月 19 日在第十三届全国人民代表大会常务委员会第十九次会议上

国务院关于 2018 年度中央预算执行和其他财政收支的审计工作报告——2019 年 6 月 26 日在第十三届全国人民代表大会常务委员会第十一次会议上　审计署审计长　胡泽君

关于2018年中央决算的报告——2019年6月26日在第十三届全国人民代表大会常务委员会第十一次会议上　财政部部长　刘昆

第十三届全国人民代表大会财政经济委员会关于2018年中央决算草案审查结果的报告——2019年6月26日在第十三届全国人民代表大会常务委员会第十一次会议上　全国人大财政经济委员会副主任委员　史耀斌

第十三届全国人民代表大会常务委员会关于批准2018年中央决算的决议——2019年6月29日第十三届全国人民代表大会常务委员会第十一次会议通过

关于今年以来国民经济和社会发展计划执行情况的报告——2019年8月23日在第十三届全国人民代表大会常务委员会第十二次会议上　国家发展和改革委员会主任　何立峰

对今年以来国民经济和社会发展计划执行情况报告的意见和建议——2019年8月24日

国务院关于今年以来预算执行情况的报告——2019年8月23日在第十三届全国人民代表大会常务委员会第十二次会议上　财政部部长　刘昆

对今年以来预算执行情况报告的意见和建议——2019年8月24日

国务院关于2018年度中央预算执行和其他财政收支审计查出问题整改情况的报告——2019年12月25日在第十三届全国人民代表大会常务委员会第十五次会议上　审计署审计长　胡泽君

对2018年度中央预算执行和其他财政收支审计查出问题整改情况报告的意见和建议——2019年12月26日

**四十九、2020 年**

关于 2019 年国民经济和社会发展计划执行情况与 2020 年国民经济和社会发展计划草案的报告——2020 年 5 月 22 日在第十三届全国人民代表大会第三次会议上

关于 2019 年中央和地方预算执行情况与 2020 年中央和地方预算草案的报告——2020 年 5 月 22 日在第十三届全国人民代表大会第三次会议上

第十三届全国人民代表大会财政经济委员会关于 2019 年国民经济和社会发展计划执行情况与 2020 年国民经济和社会发展计划草案的审查结果报告——2020 年 5 月 26 日第十三届全国人民代表大会第三次会议主席团第二次会议通过

第十三届全国人民代表大会财政经济委员会关于 2019 年中央和地方预算执行情况与 2020 年中央和地方预算草案的审查结果报告——2020 年 5 月 26 日第十三届全国人民代表大会第三次会议主席团第二次会议通过

第十三届全国人民代表大会第三次会议关于 2019 年国民经济和社会发展计划执行情况与 2020 年国民经济和社会发展计划的决议——2020 年 5 月 28 日第十三届全国人民代表大会第三次会议通过

第十三届全国人民代表大会第三次会议关于 2019 年中央和地方预算执行情况与 2020 年中央和地方预算草案的决议——2020 年 5 月 28 日第十三届全国人民代表大会第三次会议通过

国务院关于 2019 年度中央预算执行和其他财政收支的审计工作报告——2020 年 6 月 18 日在第十三届全国人民代表大会常务委员会第十九次会议上　审计署审计长　胡泽君

国务院关于 2019 年中央决算的报告——2020 年 6 月 18 日在

第十三届全国人民代表大会常务委员会第十九次会议上　财政部部长　刘昆

第十三届全国人民代表大会财政经济委员会关于2019年中央决算草案审查结果的报告——2020年6月18日在第十三届全国人民代表大会常务委员会第十九次会议上　全国人大财政经济委员会副主任委员　史耀斌

国务院关于今年以来国民经济和社会发展计划执行情况的报告——2020年8月8日在第十三届全国人民代表大会常务委员会第二十一次会议上　国家发展和改革委员会主任　何立峰

国务院关于今年以来预算执行情况的报告——2020年8月8日在第十三届全国人民代表大会常务委员会第二十一次会议上　财政部部长　刘昆

国务院关于2019年度中央预算执行和其他财政收支审计查出问题整改情况的报告——2020年12月23日在第十三届全国人民代表大会常务委员会第二十四次会议上　审计署审计长　侯凯

**五十、2021年**

关于2020年国民经济和社会发展计划执行情况与2021年国民经济和社会发展计划草案的报告——2021年3月5日在第十三届全国人民代表大会第四次会议上　国家发展和改革委员会

关于2020年中央和地方预算执行情况与2021年中央和地方预算草案的报告——2021年3月5日在第十三届全国人民代表大会第四次会议上　财政部

第十三届全国人民代表大会财政经济委员会关于2020年国民经济和社会发展计划执行情况与2021年国民经济和社会发展计划草案的审查结果报告——2021年3月9日第十三届全国人民代表大会第四次会议主席团第二次会议通过

第十三届全国人民代表大会财政经济委员会关于2020年中央和地方预算执行情况与2021年中央和地方预算草案的审查结果报告——2021年3月9日第十三届全国人民代表大会第四次会议主席团第二次会议通过

第十三届全国人民代表大会财政经济委员会关于国民经济和社会发展第十四个五年规划和2035年远景目标纲要草案的审查结果报告——2021年3月9日第十三届全国人民代表大会第四次会议主席团第二次会议通过

第十三届全国人民代表大会第四次会议关于2020年国民经济和社会发展计划执行情况与2021年国民经济和社会发展计划的决议——2021年3月11日第十三届全国人民代表大会第四次会议通过

第十三届全国人民代表大会第四次会议关于2020年中央和地方预算执行情况与2021年中央和地方预算草案的决议——2021年3月11日第十三届全国人民代表大会第四次会议通过

第十三届全国人民代表大会第四次会议关于国民经济和社会发展第十四个五年规划和2035年远景目标纲要的决议——2021年3月11日第十三届全国人民代表大会第四次会议通过

中华人民共和国国民经济和社会发展第十四个五年规划和2035年远景目标纲要——2021年3月11日第十三届全国人民代表大会第四次会议通过

全国人民代表大会常务委员会关于加强中央预算审查监督的决定——2021年4月29日第十三届全国人民代表大会常务委员会第二十八次会议修订

国务院关于2020年中央决算的报告——2021年6月7日在第十三届全国人民代表大会常务委员会第二十九次会议上　财政

部部长　刘昆

国务院关于2020年度中央预算执行和其他财政收支的审计工作报告——2021年6月7日在第十三届全国人民代表大会常务委员会第二十九次会议上　审计署审计长　侯凯

第十三届全国人民代表大会财政经济委员会关于2020年中央决算草案审查结果的报告——2021年6月7日在第十三届全国人民代表大会常务委员会第二十九次会议上　全国人大财政经济委员会副主任委员　史耀斌

全国人民代表大会常务委员会关于批准2020年中央决算的决议——2021年6月10日第十三届全国人民代表大会常务委员会第二十九次会议通过

国务院关于今年以来国民经济和社会发展计划执行情况的报告——2021年8月18日在第十三届全国人民代表大会常务委员会第三十次会议上　国家发展和改革委员会主任　何立峰

国务院关于今年以来预算执行情况的报告——2021年8月18日在第十三届全国人民代表大会常务委员会第三十次会议上　财政部副部长　许宏才

国务院关于2020年度中央预算执行和其他财政收支审计查出问题整改情况的报告——2021年12月21日在第十三届全国人民代表大会常务委员会第三十二次会议上　审计署审计长　侯凯

**五十一、2022年**

关于2021年中央和地方预算执行情况与2022年中央和地方预算草案的报告——2022年3月5日在第十三届全国人民代表大会第五次会议上

关于2021年国民经济和社会发展计划执行情况与2022年国民经济和社会发展计划草案的报告——2022年3月5日在第十三

届全国人民代表大会第五次会议上　财政部

第十三届全国人民代表大会财政经济委员会关于2021年国民经济和社会发展计划执行情况与2022年国民经济和社会发展计划草案的审查结果报告——2022年3月8日第十三届全国人民代表大会第五次会议主席团第二次会议通过

第十三届全国人民代表大会财政经济委员会关于2021年中央和地方预算执行情况与2022年中央和地方预算草案的审查结果报告——2022年3月8日第十三届全国人民代表大会第五次会议主席团第二次会议通过

第十三届全国人民代表大会第五次会议关于2021年中央和地方预算执行情况与2022年中央和地方预算的决议——2022年3月11日第十三届全国人民代表大会第五次会议通过

第十三届全国人民代表大会第五次会议关于2021年国民经济和社会发展计划执行情况与2022年国民经济和社会发展计划的决议——2022年3月11日第十三届全国人民代表大会第五次会议通过

国务院关于2021年中央决算的报告——2022年6月21日在第十三届全国人民代表大会常务委员会第三十五次会议上　财政部部长　刘昆

第十三届全国人民代表大会财政经济委员会关于2021年中央决算草案审查结果的报告——2022年6月21日在第十三届全国人民代表大会常务委员会第三十五次会议上　全国人大财政经济委员会副主任委员　史耀斌

国务院关于2021年度中央预算执行和其他财政收支的审计工作报告——2022年6月21日在第十三届全国人民代表大会常务委员会第三十五次会议上　审计署审计长　侯凯

全国人民代表大会常务委员会关于批准2021年中央决算的决议——2022年6月24日第十三届全国人民代表大会常务委员会第三十五次会议通过

国务院关于今年以来预算执行情况的报告——2022年8月30日在第十三届全国人民代表大会常务委员会第三十六次会议上　财政部部长　刘昆

国务院关于今年以来国民经济和社会发展计划执行情况的报告——2022年8月30日在第十三届全国人民代表大会常务委员会第三十六次会议上　国家发展和改革委员会主任　何立峰

国务院关于2021年度中央预算执行和其他财政收支审计查出问题整改情况的报告——2022年12月28日在第十三届全国人民代表大会常务委员会第三十八次会议上　审计署副审计长　王本强

**五十二、2023年**

关于2022年国民经济和社会发展计划执行情况与2023年国民经济和社会发展计划草案的报告——2023年3月5日在第十四届全国人民代表大会第一次会议上　国家发展和改革委员会

关于2022年中央和地方预算执行情况与2023年中央和地方预算草案的报告——2023年3月5日在第十四届全国人民代表大会第一次会议上　财政部

第十四届全国人民代表大会财政经济委员会关于2022年国民经济和社会发展计划执行情况与2023年国民经济和社会发展计划草案的审查结果报告——2023年3月8日第十四届全国人民代表大会第一次会议主席团第二次会议通过

第十四届全国人民代表大会财政经济委员会关于2022年中央和地方预算执行情况与2023年中央和地方预算草案的审查结果报告——2023年3月8日第十四届全国人民代表大会第一次会

议主席团第二次会议通过

第十四届全国人民代表大会第一次会议关于2022年国民经济和社会发展计划执行情况与2023年国民经济和社会发展计划的决议——2023年3月13日第十四届全国人民代表大会第一次会议通过

第十四届全国人民代表大会第一次会议关于2022年中央和地方预算执行情况与2023年中央和地方预算的决议——2023年3月13日第十四届全国人民代表大会第一次会议通过

# 第三章　检查法律实施情况

## 第一节　宪法相关法

### 一、法官法、检察官法

全国人民代表大会常务委员会执法检查组关于检查《中华人民共和国法官法》和《中华人民共和国检察官法》实施情况的报告——2006年8月26日在第十届全国人民代表大会常务委员会第二十三次会议上　全国人大常委会副委员长　顾秀莲

全国人民代表大会常务委员会执法检查组关于跟踪检查《中华人民共和国法官法》和《中华人民共和国检察官法》实施情况的报告——2007年8月29日在第十届全国人民代表大会常务委员会第二十九次会议上　全国人大常委会副委员长　顾秀莲

### 二、民族区域自治法

全国人民代表大会常务委员会执法检查组关于检查《中华人民共和国民族区域自治法》实施情况的报告——2006年12月27日在第一届全国人民代表大会常务委员会第二十五次会议上　全国人大常委会副委员长　司马义·艾买提

在全国人民代表大会常务委员会《中华人民共和国民族区域自治法》执法检查组第一次全体会议上的讲话——2015年6月23日　全国人大常委会副委员长　向巴平措

在全国人民代表大会常务委员会《中华人民共和国民族区域自治法》执法检查组第二次全体会议上的讲话——2015年11月

5日　全国人大常委会副委员长　向巴平措

全国人民代表大会常务委员会执法检查组关于检查《中华人民共和国民族区域自治法》实施情况的报告——2015年12月22日在第十二届全国人民代表大会常务委员会第十八次会议上　全国人大常委会副委员长　向巴平措

对检查民族区域自治法实施情况报告的意见和建议——2015年12月25日

**三、城市居民委员会组织法**

全国人民代表大会常务委员会执法检查组关于检查《中华人民共和国城市居民委员会组织法》实施情况的报告——2000年10月28日在第九届全国人民代表大会常务委员会第十八次会议上　全国人大常委会副委员长　姜春云

**四、村民委员会组织法**

全国人民代表大会常务委员会执法检查组关于检查《中华人民共和国村民委员会组织法》实施情况的报告——2001年8月29日在第九届全国人民代表大会常务委员会第二十三次会议上　全国人大内务司法委员会主任委员　侯宗宾

## 第二节　民商法

**一、消费者权益保护法**

在全国人民代表大会常务委员会消费者权益保护法执法检查组第一次全体会议上的讲话——2015年6月17日　全国人大常委会副委员长　张平

全国人民代表大会常务委员会执法检查组关于检查《中华人民共和国消费者权益保护法》实施情况的报告——2015年11月

## 二、农村土地承包法



## 三、知识产权法

### （一）专利法

民共和国专利法》实施情况的报告——2006 年 6 月 28 日在第十届全国人民代表大会常务委员会第二十二次会议上 全国人大常委会副委员长 路甬祥

全国人民代表大会常务委员会执法检查组关于检查《中华人民共和国专利法》实施情况的报告——2014 年 6 月 23 日在第十二届全国人民代表大会常务委员会第九次会议上 全国人大常委会副委员长 陈竺

对检查专利法实施情况报告的意见和建议——2014 年 6 月 26 日

（二）著作权法

关于检查《中华人民共和国著作权法》执行情况的汇报——1993 年 2 月 8 日在第七届全国人民代表大会常务委员会第三十次会议上

全面提升著作权工作法治化水平——2017 年 5 月 26 日 全国人大常委会副委员长 王晨

全国人民代表大会常务委员会执法检查组关于检查《中华人民共和国著作权法》实施情况的报告——2017 年 8 月 28 日在第十二届全国人民代表大会常务委员会第二十九次会议上 全国人大常委会副委员长 王晨

对检查著作权法实施情况报告的意见和建议——2017 年 8 月 30 日

## 四、企业法

（一）企业法

关于检查全民所有制工业企业法执行情况的汇报——1992 年 12 月 25 日在第七届全国人民代表大会常务委员会第二十九次会议上 全国人大财政经济委员会副主任委员 杨波

## 第三节　行政法

### 一、社会治安综合治理

关于检查加强社会治安综合治理的决定执行情况的汇报——1992 年 9 月 1 日在第七届全国人民代表大会常务委员会第二十七次会议上　全国人大内务司法委员会副主任委员　邹瑜

全国人民代表大会内务司法委员会关于检查《全国人民代表大会常务委员会关于加强社会治安综合治理的决定》执行情况的报告——1994 年 7 月 6 日在第八届全国人民代表大会常务委员会第九次会议上

全国人民代表大会常务委员会执法检查组关于检查《全国人民代表大会常务委员会关于加强社会治安综合治理的决定》执行情况的报告——1996 年 12 月 28 日在第八届全国人民代表大会常务委员会第二十三次会议上　全国人大常委会副委员长　李锡铭

全国人民代表大会常务委员会执法检查组关于检查《全国人民代表大会常务委员会关于加强社会治安综合治理的决定》实施情况的报告——1998 年 11 月 3 日在第九届全国人民代表大会常务委员会第五次会议上　全国人大常委会副委员长　曹志

### 二、归侨侨眷权益保护法

关于检查《中华人民共和国归侨侨眷权益保护法》执行情况的汇报——1992 年 11 月 5 日在第七届全国人民代表大会常务委员会第二十八次会议上　全国人大华侨委员会副主任委员　梁灵光

全国人民代表大会常务委员会执法检查组关于检查《中华人民共和国归侨侨眷权益保护法》实施情况的报告——2006 年 6 月 28 日在第十届全国人民代表大会常务委员会第二十二次会议上

全国人民代表大会常务委员会执法检查组关于跟踪检查有关环境保护法律实施情况的报告——2006年8月26日在第十届全国人民代表大会常务委员会第二十三次会议上 全国人大常委会副委员会兼秘书长 盛华仁

全国人民代表大会常务委员会执法检查组关于检查《中华人民共和国环境保护法》实施情况的报告——2016年11月2日在第十二届全国人民代表大会常务委员会第二十四次会议上 全国人大常委会副委员长 沈跃跃

对检查环境保护法实施情况报告的意见和建议——2016年11月3日

国务院关于2016年度环境状况和环境保护目标完成情况与研究处理环境保护法执法检查报告及审议意见情况的报告——2017年4月24日在第十二届全国人民代表大会常务委员会第二十七次会议上 环境保护部部长 陈吉宁

对2016年度环境状况和环境保护目标完成情况与研究处理环境保护法执法检查报告及审议意见情况报告的意见和建议——2017年4月26日

全国人民代表大会常务委员会执法检查组关于检查《中华人民共和国环境保护法》实施情况的报告——2022年8月30日在第十三届全国人民代表大会常务委员会第三十六次会议上 全国人大常委会委员长 栗战书

**六、教育法**

全国人民代表大会常务委员会执法检查组关于检查《中华人民共和国教育法》执行情况的报告——1996年10月26日在第八届全国人民代表大会常务委员会第二十二次会议上 全国人大常委会副委员长 费孝通

## 七、食品卫生、安全法

国务院关于研究处理食品安全法执法检查报告及审议意见情况的反馈报告——2016年12月23日在第十二届全国人民代表大会常务委员会第二十五次会议上　国家食品药品监督管理总局局长、国务院食品安全办公室主任　毕井泉

对研究处理食品安全法执法检查报告及审议意见情况反馈报告的意见和建议——2016年12月24日

**八、科技进步法**

全国人民代表大会常务委员会执法检查组关于检查《中华人民共和国科学技术进步法》实施情况的书面报告——1998年2月在第八届全国人民代表大会常务委员会第三十次会议上　全国人大常委会副委员长　费孝通

全国人民代表大会常务委员会执法检查组关于检查《中华人民共和国科学技术进步法》实施情况的报告——2004年4月4日在第十届全国人民代表大会常务委员会第八次会议上　全国人大常委会副委员长　路甬祥

全国人民代表大会常务委员会执法检查组关于检查《中华人民共和国科学技术进步法》实施情况的报告——2010年6月23日在第十一届全国人民代表大会常务委员会第十五次会议上　全国人大常委会副委员长　路甬祥

全国人民代表大会常务委员会执法检查组关于检查《中华人民共和国科学技术普及法》实施情况的报告——2022年8月30日在第十三届全国人民代表大会常务委员会第三十六次会议上　全国人大常委会副委员长　蔡达峰

**九、促进科技成果转化法**

全国人民代表大会常务委员会执法检查组关于检查《中华人民共和国促进科技成果转化法》实施情况的报告——1998年12

年 12 月 27 日

## 十一 、大气污染防治法

全国人民代表大会常务委员会执法检查组关于检查《中华人民共和国大气污染防治法》实施情况的报告——1999 年 6 月 26 日在第九届全国人民代表大会常务委员会第十次会议上　全国人大常委会副委员长　邹家华

对检查大气污染防治法实施情况报告的意见和建议——2014 年 10 月 30 日

以法律的武器治理污染　用法治的力量保卫蓝天——2018 年 5 月 7 日　全国人大常委会委员长　栗战书

在山西省政府关于大气污染防治法实施情况汇报会上的讲话——2018 年 5 月 15 日　全国人大常委会副委员长　王晨

在大气污染防治法执法检查组第二次全体会议上的讲话——2018 年 6 月 15 日　全国人大常委会委员长　栗战书

在大气污染防治法执法检查组第三次全体会议上的讲话——2018 年 6 月 27 日　全国人大常委会副委员长　王晨

全国人民代表大会常务委员会执法检查组关于检查《中华人民共和国大气污染防治法》实施情况的报告——2018 年 7 月 9 日在第十三届全国人民代表大会常务委员会第四次会议上　全国人大常委会委员长　栗战书

国务院关于研究处理大气污染防治法执法检查报告和审议意见情况以及有关决议落实情况的报告——2019 年 2 月 26 日在第十三届全国人民代表大会常务委员会第九次会议上　生态环境部部长　李干杰

## 十二、义务教育法

全国人民代表大会常务委员会执法检查组关于检查《中华人

民共和国义务教育法》实施情况的报告——1999 年 12 月 24 日在第九届全国人民代表大会常务委员会第十三次会议上　全国人大常委会副委员长　彭珮云

全国人民代表大会常务委员会执法检查组关于检查《中华人民共和国义务教育法》实施情况的报告——2004 年 10 月 26 日在第十届全国人民代表大会常务委员会第十二次会议上　全国人大常委会副委员长　路甬祥

全国人民代表大会常务委员会执法检查组关于检查《中华人民共和国义务教育法》实施情况的报告——2007 年 6 月 28 日在第十届全国人民代表大会常务委员会第二十八次会议上　全国人大常委会副委员长　路甬祥

全国人民代表大会常务委员会执法检查组关于检查《中华人民共和国义务教育法》实施情况的报告——2008 年 12 月 25 日在第十一届全国人民代表大会常务委员会第六次会议上　全国人大常委会副委员长　路甬祥

在全国人民代表大会常务委员会义务教育法执法检查组第一次全体会议上的讲话——2013 年 9 月 2 日　全国人大常委会副委员长　陈竺

全国人民代表大会常务委员会执法检查组关于检查《中华人民共和国义务教育法》实施情况的报告——2013 年 12 月 23 日在第十二届全国人民代表大会常务委员会第六次会议上　全国人大常委会副委员长兼秘书长　王晨

对检查义务教育法实施情况报告的意见和建议——2013 年 12 月 27 日

**十三、药品管理法**

全国人民代表大会法律委员会关于药品管理法（修订草案）

和修改民族区域自治法的决定（草案）修改意见的书面报告——2001年2月28日在第九届全国人民代表大会常务委员会第二十次会议上

全国人民代表大会常务委员会执法检查组关于检查《中华人民共和国药品管理法》实施情况的报告——2017年6月22日在第十二届全国人民代表大会常务委员会第二十八次会议上　全国人大常委会副委员长兼秘书长　王晨

对检查药品管理法实施情况报告及药品管理工作情况报告的意见和建议——2017年6月26日

全国人民代表大会常务委员会执法检查组关于检查《中华人民共和国中医药法》实施情况的报告——2021年6月7日在第十三届全国人民代表大会常务委员会第二十九次会议上　全国人大常委会副委员长　王晨

**十四、水污染防治法**

全国人民代表大会常务委员会执法检查组关于检查《中华人民共和国水污染防治法》实施情况的报告——2001年12月27日在第九届全国人民代表大会常务委员会第二十五次会议上　全国人大常委会副委员长　邹家华

国务院关于研究处理大气污染防治法执法检查报告及审议意见情况的反馈报告——2015年6月29日在第十二届全国人民代表大会常务委员会第十五次会议上　环境保护部部长　陈吉宁

对研究处理大气污染防治法执法检查报告及审议意见情况的反馈报告的意见——2015年6月30日

全国人民代表大会常务委员会执法检查组关于检查《中华人民共和国水污染防治法》实施情况的报告——2015年8月27日在第十二届全国人民代表大会常务委员会第十六次会议上　全国

人大常委会副委员长　陈昌智

在水污染防治法执法检查组第一次全体会议上的讲话——2019年3月25日上午　全国人大常委会委员长　栗战书

在水污染防治法实施情况专家评估座谈会上的讲话——2019年3月25日下午　全国人大常委会委员长　栗战书

在四川开展水污染防治法执法检查期间有关讲话要点——2019年4月8日　全国人大常委会委员长　栗战书

依法防治水污染　打赢碧水保卫战——2019年4月9日　全国人大常委会副委员长　王晨

保持生态文明建设战略定力　运用法治力量守护碧水清波——2019年5月7日　全国人大常委会副委员长　王晨

在水污染防治法执法检查座谈会上的讲话——2019年6月3日　全国人大常委会委员长　栗战书

在水污染防治法执法检查组听取受委托检查的省级人大常委会汇报会上的讲话——2019年6月30日　全国人大常委会委员长　栗战书

全国人民代表大会常务委员会执法检查组关于检查《中华人民共和国水污染防治法》实施情况的报告——2019年8月23日在第十三届全国人民代表大会常务委员会第十二次会议上　全国人大常委会委员长　栗战书

对检查水污染防治法实施情况报告的意见和建议——2019年8月24日

**十五、消防法**

全国人民代表大会常务委员会执法检查组关于检查《中华人民共和国消防法》实施情况的报告——2002年6月26日在第九届全国人民代表大会常务委员会第二十八次会议上　全国人大内

务司法委员会副主任委员　束怀德

全国人民代表大会常务委员会执法检查组关于检查《中华人民共和国消防法》实施情况的报告——2021年12月21日在第十三届全国人民代表大会常务委员会第三十二次会议上　全国人大常委会副委员长　张春贤

**十六、固体废物污染环境防治法**

全国人民代表大会常务委员会执法检查组关于检查《中华人民共和国固体废物污染环境防治法》实施情况的报告——2003年6月25日在第十届全国人民代表大会常务委员会第三次会议上　全国人大常委会副委员长　盛华仁

国家环境保护总局关于落实全国人大常委会执法检查组对固体废物污染环境防治法实施情况意见和建议的报告——2003年12月12日

全国人民代表大会常务委员会执法检查组关于检查《中华人民共和国固体废物污染环境防治法》实施情况的报告——2017年11月1日在第十二届全国人民代表大会常务委员会第三十次会议上　全国人大常委会委员长　张德江

对检查固体废物污染环境防治法实施情况报告的意见和建议——2017年11月2日

国务院关于研究处理固体废物污染环境防治法执法检查报告及审议意见情况的报告——2018年6月19日在第十三届全国人民代表大会常务委员会第三次会议上　生态环境部部长　李干杰

对研究处理固体废物污染环境防治法执法检查报告及审议意见情况报告的意见和建议——2018年6月21日

全国人民代表大会常务委员会执法检查组关于检查《中华人民共和国土壤污染防治法》实施情况的报告——2020年10月15

日在第十三届全国人民代表大会常务委员会第二十二次会议上　全国人大常委会委员长　栗战书

全国人民代表大会常务委员会执法检查组关于检查《中华人民共和国固体废物污染环境防治法》实施情况的报告——2021年10月21日在第十三届全国人民代表大会常务委员会第三十一次会议上　全国人大常委会副委员长　沈跃跃

国务院关于研究处理固体废物污染环境防治法执法检查报告及审议意见情况的报告——2022年6月21日在第十三届全国人民代表大会常务委员会第三十五次会议上　生态环境部部长　黄润秋

**十七、建筑法**

全国人民代表大会常务委员会执法检查组关于检查《中华人民共和国建筑法》实施情况的报告——2003年10月27日在第十届全国人民代表大会常务委员会第五次会议上　全国人大常委会副委员长　李铁映

建设部关于落实全国人大常委会执法检查组对建筑法实施情况意见和建议的报告——2004年5月10日

**十八、律师法**

全国人民代表大会常务委员会执法检查组关于检查《中华人民共和国律师法》实施情况的报告——2005年8月25日在第十届全国人民代表大会常务委员会第十七次会议上　全国人大常委会副委员长　顾秀莲

**十九、环境影响评价法**

全国人民代表大会常务委员会执法检查组关于检查《中华人民共和国环境影响评价法》实施情况的报告——2008年10月27日在第十一届全国人民代表大会常务委员会第五次会议上　全国人大常委会副委员长　陈至立

## 二十、清洁生产促进法

全国人民代表大会常务委员会执法检查组关于检查《中华人民共和国清洁生产促进法》实施情况的报告——2010 年 8 月 26 日在第十一届全国人民代表大会常务委员会第十六次会议上　全国人大常委会副委员长　陈至立

## 二十一、文物保护法

全国人民代表大会常务委员会执法检查组关于检查《中华人民共和国文物保护法》实施情况的报告——2012 年 6 月 26 日在第十一届全国人民代表大会常务委员会第二十七次会议上　全国人大常委会副委员长　路甬祥

## 二十二、传染病防治法

国务院关于传染病防治工作和传染病防治法实施情况的报告——2013 年 8 月 28 日在第十二届全国人民代表大会常务委员会第四次会议上　国家卫生和计划生育委员会主任　李斌

对传染病防治工作和传染病防治法实施情况报告的意见和建议——2013 年 8 月 28 日

在全国人民代表大会常务委员会传染病防治法执法检查组第一次全体会议上的讲话——2018 年 5 月 3 日　全国人大常委会副委员长　王晨

在广东省政府关于传染病防治法实施情况汇报会上的讲话——2018 年 7 月 18 日　全国人大常委会副委员长　王晨

全国人民代表大会常务委员会执法检查组关于检查《中华人民共和国传染病防治法》实施情况的报告——2018 年 8 月 28 日在第十三届全国人民代表大会常务委员会第五次会议上　全国人大常委会副委员长　王晨

对检查传染病防治法实施情况报告的意见和建议——2018 年

8 月 30 日

**二十三、气象法**

在全国人民代表大会常务委员会气象法执法检查组第一次全体会议上的讲话——2013 年 8 月 30 日　全国人大常委会副委员长　吉炳轩

在中国气象局调研时的讲话——2013 年 10 月 16 日　全国人大常委会副委员长　吉炳轩

全国人民代表大会常务委员会执法检查组关于检查《中华人民共和国气象法》实施情况的报告——2013 年 10 月 21 日在第十二届全国人民代表大会常务委员会第五次会议上　全国人大常委会副委员长　吉炳轩

对检查气象法实施情况报告的意见和建议——2013 年 10 月 22 日

**二十四、旅游法**

在四川省旅游法执法检查交换意见会上的讲话——2014 年 9 月 26 日　全国人大常委会副委员长　张平

全国人民代表大会常务委员会执法检查组关于检查《中华人民共和国旅游法》实施情况的报告——2014 年 12 月 22 日在第十二届全国人民代表大会常务委员会第十二次会议上　全国人大常委会副委员长　张平

对检查旅游法实施情况报告的意见和建议——2014 年 12 月 27 日

**二十五、职业教育法**

全国人民代表大会常务委员会执法检查组关于检查《中华人民共和国职业教育法》实施情况的报告——2015 年 6 月 29 日在第十二届全国人民代表大会常务委员会第十五次会议上　全国人

大常委会委员长　张德江

对检查职业教育法实施情况报告的意见和建议——2015 年 6 月 29 日

国务院关于落实职业教育法执法检查报告和审议意见的报告——2016 年 2 月 24 日在第十二届全国人民代表大会常务委员会第十九次会议上　教育部部长　袁贵仁

**二十六、道路交通安全法**

在道路交通安全法执法检查浙江省汇报会上的讲话——2016 年 9 月 20 日　全国人大常委会副委员长　万鄂湘

全国人民代表大会常务委员会执法检查组关于检查《中华人民共和国道路交通安全法》实施情况的报告——2016 年 12 月 21 日在第十二届全国人民代表大会常务委员会第二十五次会议上　全国人大常委会副委员长　王胜俊

对检查道路交通安全法实施情况报告的意见和建议——2016 年 12 月 22 日

**二十七、出境入境管理法**

国务院关于出境入境管理法执行情况的报告——2016 年 11 月 5 日在第十二届全国人民代表大会常务委员会第二十四次会议上　公安部副部长　黄明

对出境入境管理法执行情况报告的意见和建议——2016 年 11 月 5 日

**二十八、防震减灾法**

全国人民代表大会常务委员会执法检查组关于检查《中华人民共和国防震减灾法》实施情况的报告——2018 年 10 月 24 日在第十三届全国人民代表大会常务委员会第六次会议上　全国人大常委会副委员长　艾力更·依明巴海

对检查防震减灾法实施情况报告的意见和建议——2018 年 10 月 25 日

二十九、执业医师法

国务院关于医师队伍管理情况和执业医师法实施情况的报告——2019 年 4 月 21 日在第十三届全国人民代表大会常务委员会第十次会议上　国家卫生健康委员会主任　马晓伟

对医师队伍管理情况和执业医师法实施情况报告的意见和建议——2019 年 4 月 22 日

三十、高等教育法

在全国人民代表大会常务委员会高等教育法执法检查组第一次全体会议上的讲话——2019 年 6 月 19 日　全国人大常委会副委员长　王晨

在辽宁省检查高等教育法实施情况工作汇报会上的讲话——2019 年 7 月 15 日　全国人大常委会副委员长　蔡达峰

在沈阳及周边地区部分高校负责人座谈会上的讲话——2019 年 7 月 16 日　全国人大常委会副委员长　蔡达峰

在大连市检查高等教育法实施情况工作汇报会上的讲话——2019 年 7 月 18 日大连　全国人大常委会副委员长　蔡达峰

全国人民代表大会常务委员会执法检查组关于检查《中华人民共和国高等教育法》实施情况的报告——2019 年 10 月 21 日在第十三届全国人民代表大会常务委员会第十四次会议上　全国人大常委会副委员长　王晨

对检查高等教育法实施情况报告的意见和建议——2019 年 10 月 24 日

三十一、野生动物保护法

全国人民代表大会常务委员会执法检查组关于检查《全国人

民代表大会常务委员会关于全面禁止非法野生动物交易、革除滥食野生动物陋习、切实保障人民群众生命健康安全的决定》和《中华人民共和国野生动物保护法》实施情况的报告——2020年8月10日在第十三届全国人民代表大会常务委员会第二十一次会议上　全国人大常委会副委员长　沈跃跃

国务院关于研究处理《全国人民代表大会常务委员会关于全面禁止非法野生动物交易、革除滥食野生动物陋习、切实保障人民群众生命健康安全的决定》和《中华人民共和国野生动物保护法》执法检查报告及审议意见情况的报告——2021年2月27日在第十三届全国人民代表大会常务委员会第二十六次会议上　国家林业和草原局局长　关志鸥

**三十二、公共文化服务保障法**

全国人民代表大会常务委员会执法检查组关于检查《中华人民共和国公共文化服务保障法》实施情况的报告——2020年12月23日在第十三届全国人民代表大会常务委员会第二十四次会议上　全国人大常委会副委员长　蔡达峰

**三十三、公证法**

全国人民代表大会常务委员会执法检查组关于检查《中华人民共和国公证法》实施情况的报告——2021年12月21日在第十三届全国人民代表大会常务委员会第三十二次会议上　全国人大常委会副委员长　曹建明

**三十四、长江保护法**

全国人民代表大会常务委员会执法检查组关于检查《中华人民共和国长江保护法》实施情况的报告——2022年12月28日在第十三届全国人民代表大会常务委员会第三十八次会议上　全国人大常委会副委员长　王晨

## 第四节　经济法

### 一、中小企业促进法

在中小企业促进法执法检查组第一次全体会议上的讲话——2019年4月2日　全国人大常委会委员长　栗战书

在全国人大常委会中小企业促进法执法检查组听取浙江汇报会议上的讲话——2019年4月15日　全国人大常委会副委员长　陈竺

在全国人大常委会中小企业促进法执法检查组听取吉林省汇报会议上的讲话——2019年4月16日　全国人大常委会副委员长　郝明金

在全国人大常委会中小企业促进法执法检查组听取湖北汇报会议上的讲话——2019年4月19日　全国人大常委会副委员长　陈竺

在全国人大常委会中小企业促进法执法检查组听取陕西省汇报会议上的讲话——2019年5月7日　全国人大常委会副委员长　郝明金

在中小企业促进法执法检查组第二次全体会议上的讲话——2019年5月27日　全国人大常委会副委员长　陈竺

全国人民代表大会常务委员会执法检查组关于检查《中华人民共和国中小企业促进法》实施情况的报告——2019年6月26日在第十三届全国人民代表大会常务委员会第十一次会议上　全国人大常委会副委员长　陈竺

对检查中小企业促进法实施情况报告的意见和建议——2019年6月27日

**二、税收征收管理法**

全国人大常委会执法检查组关于检查《中华人民共和国税收征收管理法》实施情况的报告——1998年8月26日在第九届全国人民代表大会常务委员会第四次会议上　执法检查组副组长　郭振乾

**三、矿产资源法**

全国人大常委会执法检查组关于检查《中华人民共和国矿产资源法》实施情况的报告——2002年10月26日在第九届全国人民代表大会常务委员会第三十次会议上　全国人大常委会副委员长　邹家华

**四、节约能源法**

全国人大常委会执法检查组关于检查《中华人民共和国节约能源法》实施情况的报告——2006年8月25日在第十届全国人民代表大会常务委员会第二十三次会议上　全国人大常委会副委员长　李铁映

全国人民代表大会常务委员会执法检查组关于检查《中华人民共和国节约能源法》实施情况的报告——2010年12月20日在第十一届全国人民代表大会常务委员会第十八次会议上　全国人大常委会副委员长　华建敏

**五、可再生能源法**

全国人民代表大会常务委员会执法检查组关于检查《中华人民共和国可再生能源法》实施情况的报告——2013年8月26日在第十二届全国人民代表大会常务委员会第四次会议上　全国人大常委会副委员长　陈昌智

对检查可再生能源法实施情况报告的意见和建议——2013年8月27日

全国人民代表大会常务委员会执法检查组关于检查《中华人民共和国可再生能源法》实施情况的报告——2019 年 12 月 24 日在第十三届全国人民代表大会常务委员会第十五次会议上　全国人大常委会副委员长　丁仲礼

对检查可再生能源法实施情况报告的意见和建议——2019 年 12 月 25 日

**六、土地管理法**

全国人民代表大会常务委员会执法检查组关于检查《中华人民共和国土地管理法》实施情况的报告——2000 年 8 月 24 日在第九届全国人民代表大会常务委员会第十七次会议上　全国人大常委会副委员长　邹家华

全国人民代表大会常务委员会执法检查组关于检查《中华人民共和国土地管理法》实施情况的报告（“三农”问题报告之一）——2004 年 6 月 24 日在第十届全国人民代表大会常务委员会第十次会议上　全国人大常委会副委员长　盛华仁

**七、水法**

关于检查《中华人民共和国水法》实施情况的汇报——1992 年 9 月 1 日在第七届全国人民代表大会常务委员会第二十七次会议上　全国人大财政经济委员会副主任委员　张根生

全国人民代表大会常务委员会执法检查组关于检查《中华人民共和国水法》实施情况的报告——1997 年 12 月 27 日在第八届全国人民代表大会常务委员会第二十九次会议上　全国人大常委会副委员长　王丙乾

全国人民代表大会常务委员会执法检查组关于检查《中华人民共和国水法》实施情况的报告——2016 年 8 月 29 日在第十二届全国人民代表大会常务委员会第二十二次会议上　全国人大常

委会副委员长　吉炳轩

对检查水法实施情况报告的意见和建议——2016 年 9 月 2 日

**八、水土保持法**

全国人民代表大会常务委员会执法检查组关于检查《中华人民共和国水土保持法》实施情况的报告——1998 年 12 月 26 日在第九届全国人民代表大会常务委员会第六次会议上　全国人大常委会副委员长　布赫

**九、森林法**

全国人民代表大会常务委员会执法检查组关于检查《中华人民共和国森林法》实施情况的报告——1997 年 10 月 31 日在第八届全国人民代表大会常务委员会第二十八次会议上　全国人大常委会副委员长　王丙乾

全国人民代表大会常务委员会执法检查组关于检查《中华人民共和国森林法》实施情况的报告——1999 年 8 月 28 日在第九届全国人民代表大会常务委员会第十一次会议上　全国人大常委会副委员长　布赫

**十、渔业法**

要依法保护好极其宝贵的水资源——渔业法执法检查时的调研与思考之一——2019 年 9 月 20 日　全国人大常委会副委员长　吉炳轩

要依法保护好可贵的野生渔业资源——渔业法执法检查时的调研与思考之二——2019 年 9 月 21 日　全国人大常委会副委员长　吉炳轩

要依法推动我国渔业高质量发展——渔业法执法检查时的调研与思考之三——2019 年 9 月 23 日　全国人大常委会副委员长　吉炳轩

在天津市渔业法执法检查汇报会上的讲话提纲——2019 年 9 月 23 日　全国人大常委会副委员长　万鄂湘

在海南省渔业法执法检查汇报会上的讲话提纲——2019 年 10 月 18 日　全国人大常委会副委员长　万鄂湘

全国人民代表大会常务委员会执法检查组关于检查《中华人民共和国渔业法》实施情况的报告——2019 年 12 月 24 日在第十三届全国人民代表大会常务委员会第十五次会议上　全国人大常委会副委员长　武维华

对检查渔业法实施情况报告的意见和建议——2019 年 12 月 25 日

**十一、农业法**

全国人民代表大会常务委员会执法检查组关于检查《中华人民共和国农业法》执行情况的报告——1994 年 12 月在第八届全国人民代表大会常务委员会第十一次会议上　全国人大常委会副委员长　布赫

全国人民代表大会常务委员会执法检查组关于检查《中华人民共和国农业法》执行情况的报告——1995 年 12 月 26 日在第八届全国人民代表大会常务委员会第十七次会议上　全国人大常委会副委员长　布赫

全国人民代表大会常务委员会关于检查《中华人民共和国农业法》实施情况的报告——1997 年 3 月 10 日在第八届全国人民代表大会第五次会议上　全国人大常委会副委员长　布赫

全国人民代表大会常务委员会执法检查组关于检查《中华人民共和国农业法》实施情况的报告——1997 年 12 月 27 日在第八届全国人民代表大会常务委员会第二十九次会议上　全国人大常委会副委员长　布赫

全国人民代表大会常务委员会执法检查组关于检查《中华人民共和国农业法》实施情况的报告——1998 年 11 月 3 日在第九届全国人民代表大会常务委员会第五次会议上　全国人大常委会副委员长　布赫

全国人民代表大会常务委员会执法检查组关于检查《中华人民共和国农业法》实施情况的报告——2001 年 10 月 26 日在第九届全国人民代表大会常务委员会第二十四次会议上　全国人大常委会副委员长　布赫

全国人民代表大会常务委员会执法检查组关于检查《中华人民共和国农业法》实施情况的报告——2005 年 10 月 26 日在第十届全国人民代表大会常务委员会第十八次会议上　全国人大常委会副委员长　乌云其木格

全国人民代表大会常务委员会执法检查组关于跟踪检查有关农业法律实施情况的报告——2006 年 12 月 27 日在第十届全国人民代表大会常务委员会第二十五次会议上　全国人大常委会副委员长　乌云其木格

在全国人民代表大会常务委员会农业法执法检查组第一次全体会上的讲话——2012 年 8 月 26 日　全国人大常委会副委员长　乌云其木格

在农业法执法检查组听取山东省汇报会上的讲话——2012 年 9 月 3 日　全国人大常委会副委员长　乌云其木格

在内蒙古农业法执法检查汇报会上的讲话——2012 年 9 月 7 日　全国人大常委会副委员长　陈昌智

在农业法执法检查组听取云南省汇报会上的讲话——2012 年 9 月 10 日　全国人大常委会副委员长　乌云其木格

在全国人大常委会农业法执法检查河南省政府汇报会上的讲

话——2012 年 9 月 11 日　全国人大常委会副委员长　华建敏

在听取赣州政府农业法执法检查汇报后的讲话——2012 年 10 月 19 日　全国人大常委会副委员长　司马义·铁力瓦尔地

在全国人民代表大会常务委员会农业法执法检查组第二次全体会议上的讲话——2012 年 11 月 20 日　全国人大常委会副委员长　乌云其木格

全国人民代表大会常务委员会执法检查组关于检查《中华人民共和国农业法》实施情况的报告——2012 年 12 月 26 日在第十一届全国人民代表大会常务委员会第三十次会议上　全国人大常委会副委员长　乌云其木格

全国人民代表大会常务委员会执法检查组关于检查《中华人民共和国农业法》实施情况的报告——2015 年 11 月 2 日在第十二届全国人民代表大会常务委员会第十七次会议上　全国人大常委会副委员长　张宝文

对检查农业法实施情况报告的意见和建议——2015 年 11 月 3 日

**十二、农业技术推广法**

全国人民代表大会常务委员会执法检查组关于检查《中华人民共和国农业技术推广法》实施情况的报告——2010 年 10 月 25 日在第十一届全国人民代表大会常务委员会第十七次会议上　全国人大常委会副委员长　乌云其木格

**十三、动物防疫法**

全国人民代表大会常务委员会执法检查组关于检查《中华人民共和国动物防疫法》实施情况的报告——2004 年 8 月 26 日在第十届全国人民代表大会常务委员会第十一次会议上　全国人大常委会副委员长　乌云其木格

**十四、种子法**

全国人民代表大会常务委员会执法检查组关于检查《中华人民共和国种子法》实施情况的报告——2002年12月24日在第九届全国人民代表大会常务委员会第三十一次会议上　全国人大常委会副委员长　布赫

全国人民代表大会常务委员会执法检查组关于检查《中华人民共和国种子法》实施情况的报告——2018年2月23日在第十二届全国人民代表大会常务委员会第三十三次会议上　全国人大常委会副委员长　张宝文

**十五、农业机械化促进法**

全国人民代表大会常务委员会执法检查组关于检查《中华人民共和国农业机械化促进法》实施情况的报告——2020年8月10日在第十三届全国人民代表大会常务委员会第二十一次会议上　全国人大常委会副委员长　吉炳轩

**十六、畜牧法**

全国人民代表大会常务委员会执法检查组关于检查《中华人民共和国畜牧法》实施情况的报告——2009年8月25日在第十一届全国人民代表大会常务委员会第十次会议上　全国人大农业与农村委员会主任委员　王云龙

全国人民代表大会常务委员会执法检查组关于检查《中华人民共和国畜牧法》实施情况的报告——2021年8月18日在第十三届全国人民代表大会常务委员会第三十次会议上　全国人大常委会副委员长　武维华

**十七、农产品质量安全法**

全国人民代表大会常务委员会执法检查组关于检查《中华人民共和国农产品质量安全法》实施情况的报告——2018年10月

24 日在第十三届全国人民代表大会常务委员会第六次会议上　全国人大常委会副委员长　吉炳轩

对检查农产品质量安全法实施情况报告的意见和建议——2018 年 10 月 25 日

**十八、台湾同胞投资保护法**

全国人民代表大会常务委员会执法检查组关于检查《中华人民共和国台湾同胞投资保护法》执行情况的报告——1995 年 12 月 26 日在第八届全国人民代表大会常务委员会第十七次会议上　全国人大常委会副委员长　倪志福

全国人民代表大会常务委员会执法检查组关于检查《中华人民共和国台湾同胞投资保护法》实施情况的报告——2010 年 4 月 26 日在第十一届全国人民代表大会常务委员会第十四次会议上　全国人大常委会副委员长　严隽琪

**十九、统计法**

全国人民代表大会财政经济委员会关于检查《中华人民共和国统计法》执行情况的报告——1994 年 6 月 24 日在第八届全国人民代表大会常务委员会第八次会议上

全国人民代表大会常务委员会执法检查组关于检查《中华人民共和国统计法》实施情况的报告——2005 年 4 月 26 日在第十届全国人民代表大会常务委员会第十五次会议上　全国人大常委会副委员长　蒋正华

在全国人民代表大会常务委员会统计法执法检查组第一次全体会议上的讲话——2018 年 4 月 23 日　全国人大常委会副委员长　王东明

统计法执法检查组在听取黑龙江省政府情况汇报会上的讲话提纲——2018 年 5 月 24 日

全国人民代表大会常务委员会执法检查组关于检查《中华人民共和国统计法》实施情况的报告——2018 年 6 月 20 日在第十三届全国人民代表大会常务委员会第三次会议上　全国人大常委会副委员长　王东明

对检查统计法实施情况报告的意见和建议——2018 年 6 月 22 日

**二十、产品质量法**

关于检查全国人大常委会关于惩治生产、销售伪劣商品犯罪的决定等法律执行情况的报告——1993 年 12 月在第八届全国人民代表大会常务委员会第五次会议上

全国人民代表大会常务委员会执法检查组关于检查《中华人民共和国产品质量法》实施情况的报告——1997 年 8 月 26 日在第八届全国人民代表大会常务委员会第二十七次会议上　全国人大常委会副委员长　王光英

全国人民代表大会常务委员会执法检查组关于检查《中华人民共和国产品质量法》实施情况的报告——1999 年 10 月 30 日在第九届全国人民代表大会常务委员会第十二次会议上　全国人大财政经济委员会主任委员　陈光毅

在全国人民代表大会常务委员会产品质量法执法检查组第一次全体会议上的讲话——2017 年 3 月 20 日　全国人大常委会副委员长　张平

全国人民代表大会常务委员会执法检查组关于检查《中华人民共和国产品质量法》实施情况的报告——2017 年 6 月 22 日在第十二届全国人民代表大会常务委员会第二十八次会议上　全国人大常委会副委员长　严隽琪

对检查产品质量法实施情况报告的意见和建议——2017 年 6 月 23 日

### 二十一、反不正当竞争法

全国人民代表大会常务委员会执法检查组关于检查《中华人民共和国反不正当竞争法》实施情况的报告——2020 年 12 月 23 日在第十三届全国人民代表大会常务委员会第二十四次会议上　全国人大财政经济委员会主任委员　徐绍史

### 二十二、网络安全法

全国人民代表大会常务委员会执法检查组关于检查《中华人民共和国网络安全法》《全国人民代表大会常务委员会关于加强网络信息保护的决定》实施情况的报告——2017 年 12 月 24 日在第十二届全国人民代表大会常务委员会第三十一次会议上　全国人大常委会副委员长　王胜俊

对检查网络安全法、加强网络信息保护的决定实施情况报告的意见和建议——2017 年 12 月 26 日

### 二十三、外商投资法

全国人民代表大会常务委员会执法检查组关于检查《中华人民共和国外商投资法》实施情况的报告——2022 年 10 月 28 日在第十三届全国人民代表大会常务委员会第三十七次会议上　全国人大常委会副委员长　陈竺

## 第五节　社会法

### 一、工会法

全国人民代表大会常务委员会执法检查组关于检查《中华人民共和国工会法》实施情况的报告——2004 年 10 月 26 日在第十届全国人民代表大会常务委员会第十二次会议上　全国人大常委会副委员长　顾秀莲

全国人民代表大会常务委员会执法检查组关于检查《中华人民共和国工会法》实施情况的报告——2009 年 10 月 30 日在第十一届全国人民代表大会常务委员会第十一次会议上　全国人大内务司法委员会主任委员　黄镇东

**二、慈善法**

全国人民代表大会常务委员会执法检查组关于检查《中华人民共和国慈善法》实施情况的报告——2020 年 10 月 15 日在第十三届全国人民代表大会常务委员会第二十二次会议上　全国人大常委会副委员长　张春贤

**三、残疾人保障法**

关于检查《中华人民共和国残疾人保障法》执行情况的汇报——1992 年 11 月 5 日在第七届全国人民代表大会常务委员会第二十八次会议上　全国人大内务司法委员会副主任委员　焦善民

在湖南省残疾人保障法执法检查汇报会结束时的讲话——2012 年 5 月 11 日　全国人大常委会副委员长　司马义·铁力瓦尔地

全国人民代表大会常务委员会执法检查组关于检查《中华人民共和国残疾人保障法》实施情况的报告——2012 年 8 月 27 日在第十一届全国人民代表大会常务委员会第二十八次会议上　全国人大常委会副委员长兼秘书长　李建国

**四、未成年人保护法**

关于检查《中华人民共和国未成年人保护法》执行情况的汇报——1993 年 2 月在第七届全国人民代表大会常务委员会第三十次会议上

全国人民代表大会常务委员会执法检查组关于检查《中华人民共和国未成年人保护法》实施情况的报告——2003 年 8 月 25 日在第十届全国人民代表大会常务委员会第四次会议上　全国人

**五、妇女权益保障法**



**六、老年人权益保障法**

全国人大常委会副委员长兼秘书长　李建国

全国人民代表大会常务委员会执法检查组关于检查《中华人民共和国老年人权益保障法》实施情况的报告——2015 年 12 月 22 日在第十二届全国人民代表大会常务委员会第十八次会议上　全国人大常委会副委员长　王胜俊

对检查老年人权益保障法实施情况报告的意见和建议——2015 年 12 月 25 日

国务院关于研究处理老年人权益保障法执法检查报告及审议意见情况的反馈报告——2016 年 8 月 31 日在第十二届全国人民代表大会常务委员会第二十二次会议上

对研究处理老年人权益保障法执法检查报告及审议意见情况反馈报告的意见和建议——2016 年 9 月 1 日

**七、劳动法**

全国人民代表大会常务委员会执法检查组关于检查《中华人民共和国劳动法》执行情况的报告——1996 年 10 月 26 日在第八届全国人民代表大会常务委员会第二十二次会议上　全国人大常委会副委员长　倪志福

全国人民代表大会常务委员会执法检查组关于检查《中华人民共和国劳动法》实施情况的报告——2005 年 12 月 28 日在第十届全国人民代表大会常务委员会第十九次会议上　全国人大常委会副委员长　何鲁丽

**八、劳动合同法**

全国人民代表大会常务委员会执法检查组关于检查《中华人民共和国劳动合同法》实施情况的报告——2008 年 12 月 25 日在第十一届全国人民代表大会常务委员会第六次会议上　全国人大常委会副委员长　华建敏

在全国人民代表大会常务委员会安全生产法执法检查组第一次全体会议上的讲话——2016 年 9 月 13 日　全国人大常委会副委员长　严隽琪

全国人民代表大会常务委员会执法检查组关于检查《中华人民共和国安全生产法》实施情况的报告——2016 年 12 月 21 日在第十二届全国人民代表大会常务委员会第二十五次会议上　全国人大常委会副委员长　张平

对检查安全生产法实施情况报告的意见和建议——2016 年 12 月 22 日

要以产业发展来促进就业扩大——就业促进法执法检查时的学习与思考之三——2019 年 5 月 23 日　全国人大常委会副委员长　吉炳轩

弘扬工匠精神　培育大国匠才——就业促进法执法检查时的学习与思考之四——2019 年 5 月 24 日　全国人大常委会副委员长　吉炳轩

要用法律手段来保护人的劳动权力——就业促进法执法检查时的学习与思考之五——2019 年 5 月 25 日　全国人大常委会副委员长　吉炳轩

在全国人民代表大会常务委员会就业促进法执法检查组第二次全体会议上的讲话——2019 年 7 月 26 日　全国人大常委会副委员长　张春贤

全国人民代表大会常务委员会执法检查组关于检查《中华人民共和国就业促进法》实施情况的报告——2019 年 8 月 23 日在第十三届全国人民代表大会常务委员会第十二次会议上　全国人大常委会副委员长　张春贤

## 第六节　程序法

### 一、刑事诉讼法



### 二、民事诉讼法



### 三、行政诉讼法



### 四、行政复议法

## 第七节　其他

### 一、“三法一决定”执行情况

全国人民代表大会常务委员会执法检查组关于检查“三法一决定”执行情况的报告——1994 年 12 月在第八届全国人民代表大会常务委员会第十一次会议上　全国人大常委会副委员长　倪志福

### 二、法制宣传教育

全国人民代表大会常务委员会执法检查组关于检查《全国人民代表大会常务委员会关于深入开展法制宣传教育的决议》执行情况的报告——1995 年 12 月 26 日在第八届全国人民代表大会常务委员会第十七次会议上　全国人大常委会副委员长　李锡铭

### 三、执法检查计划

全国人民代表大会常务委员会 2004 年执法检查计划——2004 年 3 月 26 日第十届全国人民代表大会常务委员会第十四次委员长会议批准

# 第四章　规范性文件备案审查

## 第一节　规范性文件备案审查工作情况

全国人民代表大会常务委员会法制工作委员会关于十二届全国人大以来暨2017年备案审查工作情况的报告——2017年12月24日在第十二届全国人民代表大会常务委员会第三十一次会议上　全国人大常委会法制工作委员会主任　沈春耀

全国人民代表大会常务委员会法制工作委员会关于2018年备案审查工作情况的报告——2018年12月24日在第十三届全国人民代表大会常务委员会第七次会议上　全国人大常委会法制工作委员会主任　沈春耀

全国人民代表大会常务委员会法制工作委员会关于2019年备案审查工作情况的报告——2019年12月25日在第十三届全国人民代表大会常务委员会第十五次会议上　全国人大常委会法制工作委员会主任　沈春耀

全国人民代表大会常务委员会法制工作委员会关于2021年备案审查工作情况的报告——2021年12月21日在第十三届全国人民代表大会常务委员会第三十二次会议上　全国人大常委会法制工作委员会主任　沈春耀

## 第二节　国务院行政法规目录

2011 年国务院行政法规目录（150 件）

2012 年国务院行政法规目录（27 件）

2013 年国务院行政法规目录（57 件）

2014 年国务院行政法规目录（40 件）

2015 年国务院行政法规目录（9 件）

2016 年国务院行政法规目录（73 件）

2017 年国务院行政法规目录（76 件）

2018 年国务院行政法规目录（42 件）

2019 年国务院行政法规目录（73 件）

## 第三节　各省、自治区、直辖市法规目录

### 一、河北省

2011 年河北省地方性法规目录（36 件）

2012 年河北省地方性法规目录（32 件）

2013 年河北省地方性法规目录（34 件）

2014 年河北省地方性法规目录（42 件）

2015 年河北省地方性法规目录（64 件）

2016 年河北省地方性法规目录（38 件）

2017 年河北省地方性法规目录（38 件）

2018 年河北省地方性法规目录（60 件）

2019 年河北省地方性法规目录（55 件）

2016 年吉林省地方性法规目录（22 件）
2017 年吉林省地方性法规目录（78 件）
2018 年吉林省地方性法规目录（52 件）
2019 年吉林省地方性法规目录（67 件）

## 五、黑龙江省

2011 年黑龙江省地方性法规目录（45 件）
2012 年黑龙江省地方性法规目录（19 件）
2013 年黑龙江省地方性法规目录（34 件）
2014 年黑龙江省地方性法规目录（36 件）
2015 年黑龙江省地方性法规目录（67 件）
2016 年黑龙江省地方性法规目录（83 件）
2017 年黑龙江省地方性法规目录（25 件）
2018 年黑龙江省地方性法规目录（199 件）
2019 年黑龙江省地方性法规目录（38 件）

## 六、江苏省

2011 年江苏省地方性法规目录（53 件）
2012 年江苏省地方性法规目录（72 件）
2013 年江苏省地方性法规目录（23 件）
2014 年江苏省地方性法规目录（27 件）
2015 年江苏省地方性法规目录（35 件）
2016 年江苏省地方性法规目录（61 件）
2017 年江苏省地方性法规目录（89 件）
2018 年江苏省地方性法规目录（108 件）
2019 年江苏省地方性法规目录（70 件）

## 七、浙江省

2011 年浙江省地方性法规目录（48 件）

2018 年福建省地方性法规目录（46 件）

2019 年福建省地方性法规目录（29 件）

## 十、江西省

2011 年江西省地方性法规目录（30 件）

2012 年江西省地方性法规目录（28 件）

2013 年江西省地方性法规目录（19 件）

2014 年江西省地方性法规目录（19 件）

2015 年江西省地方性法规目录（19 件）

2016 年江西省地方性法规目录（25 件）

2017 年江西省地方性法规目录（23 件）

2018 年江西省地方性法规目录（68 件）

2019 年江西省地方性法规目录（123 件）

## 十一、山东省

2011 年山东省地方性法规目录（32 件）

2012 年山东省地方性法规目录（63 件）

2013 年山东省地方性法规目录（27 件）

2014 年山东省地方性法规目录（34 件）

2015 年山东省地方性法规目录（48 件）

2016 年山东省地方性法规目录（61 件）

2017 年山东省地方性法规目录（82 件）

2018 年山东省地方性法规目录（146 件）

2019 年山东省地方性法规目录（63 件）

## 十二、河南省

2011 年河南省地方性法规目录（17 件）

2012 年河南省地方性法规目录（28 件）

2013 年河南省地方性法规目录（12 件）

## 十五、广东省

2011 年广东省地方性法规目录（48 件）

2012 年广东省地方性法规目录（107 件）

2013 年广东省地方性法规目录（47 件）

2014 年广东省地方性法规目录（88 件）

2015 年广东省地方性法规目录（120 件）

2016 年广东省地方性法规目录（56 件）

2017 年广东省地方性法规目录（50 件）

2018 年广东省地方性法规目录（75 件）

2019 年广东省地方性法规目录（129 件）

## 十六、海南省

2011 年海南省地方性法规目录（33 件）

2012 年海南省地方性法规目录（24 件）

2013 年海南省地方性法规目录（20 件）

2014 年海南省地方性法规目录（21 件）

2015 年海南省地方性法规目录（28 件）

2016 年海南省地方性法规目录（27 件）

2017 年海南省地方性法规目录（33 件）

2018 年海南省地方性法规和海南经济特区法规目录（32 件）

2019 年海南省地方性法规和海南经济特区法规目录（35 件）

## 十七、四川省

2011 年四川省地方性法规目录（26 件）

2012 年四川省地方性法规目录（54 件）

2013 年四川省地方性法规目录（18 件）

2014 年四川省地方性法规目录（27 件）

2015 年四川省地方性法规目录（45 件）

2012 年陕西省地方性法规目录（35 件）
2013 年陕西省地方性法规目录（13 件）
2014 年陕西省地方性法规目录（36 件）
2015 年陕西省地方性法规目录（27 件）
2016 年陕西省地方性法规目录（19 件）
2017 年陕西省地方性法规目录（83 件）
2018 年陕西省地方性法规目录（40 件）
2019 年陕西省地方性法规目录（50 件）

**二十一、甘肃省**

2011 年甘肃省地方性法规目录（23 件）
2012 年甘肃省地方性法规目录（36 件）
2013 年甘肃省地方性法规目录（27 件）
2014 年甘肃省地方性法规目录（18 件）
2015 年甘肃省地方性法规目录（16 件）
2016 年甘肃省地方性法规目录（26 件）
2017 年甘肃省地方性法规目录（26 件）
2018 年甘肃省地方性法规目录（39 件）
2019 年甘肃省地方性法规目录（36 件）

**二十二、青海省**

2011 年青海省地方性法规目录（55 件）
2012 年青海省地方性法规目录（7 件）
2013 年青海省地方性法规目录（17 件）
2014 年青海省地方性法规目录（19 件）
2015 年青海省地方性法规目录（18 件）
2016 年青海省地方性法规目录（23 件）
2017 年青海省地方性法规目录（15 件）

2014 年西藏自治区地方性法规目录（4 件）

2015 年西藏自治区地方性法规目录（10 件）

2016 年西藏自治区地方性法规目录（11 件）

2017 年西藏自治区地方性法规目录（9 件）

2018 年西藏自治区地方性法规目录（20 件）

2019 年西藏自治区地方性法规目录（29 件）

## 二十六、宁夏回族自治区

2011 年宁夏回族自治区地方性法规目录（33 件）

2012 年宁夏回族自治区地方性法规目录（33 件）

2013 年宁夏回族自治区地方性法规目录（12 件）

2014 年宁夏回族自治区地方性法规目录（21 件）

2015 年宁夏回族自治区地方性法规目录（28 件）

2016 年宁夏回族自治区地方性法规目录（26 件）

2017 年宁夏回族自治区地方性法规目录（31 件）

2018 年宁夏回族自治区地方性法规目录（33 件）

2019 年宁夏回族自治区地方性法规目录（40 件）

## 二十七、新疆维吾尔自治区

2011 年新疆维吾尔自治区地方性法规目录（16 件）

2012 年新疆维吾尔自治区地方性法规目录（25 件）

2013 年新疆维吾尔自治区地方性法规目录（12 件）

2014 年新疆维吾尔自治区地方性法规目录（13 件）

2015 年新疆维吾尔自治区地方性法规目录（13 件）

2016 年新疆维吾尔自治区地方性法规目录（14 件）

2017 年新疆维吾尔自治区地方性法规目录（28 件）

2018 年新疆维吾尔自治区地方性法规目录（43 件）

2019 年新疆维吾尔自治区地方性法规目录（33 件）

## 二十八、北京市

2011 年北京市地方性法规目录（6 件）
2012 年北京市地方性法规目录（9 件）
2013 年北京市地方性法规目录（4 件）
2014 年北京市地方性法规目录（10 件）
2015 年北京市地方性法规目录（9 件）
2016 年北京市地方性法规目录（44 件）
2017 年北京市地方性法规目录（7 件）
2018 年北京市地方性法规目录（15 件）
2019 年北京市地方性法规目录（28 件）

## 二十九、天津市

2011 年天津市地方性法规目录（13 件）
2012 年天津市地方性法规目录（39 件）
2013 年天津市地方性法规目录（8 件）
2014 年天津市地方性法规目录（15 件）
2015 年天津市地方性法规目录（11 件）
2016 年天津市地方性法规目录（33 件）
2017 年天津市地方性法规目录（27 件）
2018 年天津市地方性法规目录（57 件）
2019 年天津市地方性法规目录（24 件）

## 三十、上海市

2011 年上海市地方性法规目录（23 件）
2012 年上海市地方性法规目录（19 件）
2013 年上海市地方性法规目录（7 件）
2014 年上海市地方性法规目录（16 件）
2015 年上海市地方性法规目录（36 件）

2016 年上海市地方性法规目录（24 件）
2017 年上海市地方性法规目录（27 件）
2018 年上海市地方性法规目录（40 件）
2019 年上海市地方性法规目录（10 件）

**三十一、重庆市**

2011 年重庆市地方性法规目录（46 件）
2012 年重庆市地方性法规目录（32 件）
2013 年重庆市地方性法规目录（11 件）
2014 年重庆市地方性法规目录（16 件）
2015 年重庆市地方性法规目录（12 件）
2016 年重庆市地方性法规目录（31 件）
2017 年重庆市地方性法规目录（8 件）
2018 年重庆市地方性法规目录（41 件）
2019 年重庆市地方性法规目录（25 件）

## 第四节　经济特区法规目录

**一、深圳**

2016 年深圳经济特区法规目录（6 件）
2017 年深圳经济特区法规目录（17 件）
2018 年深圳经济特区法规目录（29 件）
2019 年深圳经济特区法规目录（107 件）

**二、珠海**

2016 年珠海经济特区法规目录（7 件）
2017 年珠海经济特区法规目录（1 件）
2018 年珠海经济特区法规目录（3 件）

## 第五节　特别行政区报送备案的法律目录

2012 年澳门特别行政区法律目录（共 17 件）
2013 年澳门特别行政区法律目录（共 13 件）
2014 年澳门特别行政区法律目录（共 10 件）
2015 年澳门特别行政区法律目录（共 15 件）
2016 年澳门特别行政区法律目录（共 11 件）
2017 年澳门特别行政区法律目录（共 16 件）
2018 年澳门特别行政区法律目录（共 19 件）
2019 年澳门特别行政区法律目录（共 22 件）

## 第六节　司法解释目录

2011 年司法解释目录（24 件）
2012 年司法解释目录（22 件）
2013 年司法解释目录（32 件）
2014 年司法解释目录（16 件）
2015 年司法解释目录（30 件）
2016 年司法解释目录（29 件）
2017 年司法解释目录（38 件）
2018 年司法解释目录（26 件）
2019 年司法解释目录（174 件）

# 丛书后记

我国的人民代表大会制度，是中国共产党领导人民在长期革命斗争中创造的一种新的政权组织形式。1949 年 9 月 29 日，中国人民政治协商会议第一届全体会议通过的《中国人民政治协商会议共同纲领》提出：“中华人民共和国的国家政权属于人民。人民行使国家政权的机关为各级人民代表大会和各级人民政府。”人民代表大会制度由此确定。1949 年至 1954 年 8 月，从中国人民政治协商会议和地方各界人民代表会议向各级人民代表大会过渡。1954 年 9 月，第一届全国人民代表大会第一次会议召开，我国人民代表大会制度建立。至今，人民代表大会制度走过了 70 年，回顾这 70 年历程，从 1954 年到 1966 年人民代表大会制度全面确立并曲折发展；“文化大革命”的 10 年，人民代表大会制度遭受严重破坏；从粉碎“四人帮”特别是党的十一届三中全会开始，人民代表大会制度得到恢复和进一步健全，人大工作取得重大进展。党的十八大以来，我们党立足新的历史方位，深刻把握我国社会主要矛盾发生的新变化，积极回应人民群众对民主法治的新要求新期盼，着力推进国家治理体系和治理能力现代化，健全人民当家作主制度体系，加强基层政权建设，改进人大代表工作，人大工作取得历史性成就，人民代表大会制度更加成熟、更加定型。

《中国特色社会主义根本政治制度——人民代表大会制度纪实》丛书，则是尽可能通过整理历史文献的方式，记录和展现人民代表大会制度确立、曲折发展、不断健全、逐步成熟、完善定型的制度发展和人大工作全貌。项目实施过程，是回顾中国特色社会主义根本政治制度逐渐完善的过程，是汇集70年来历代人大工作者工作成就和艰辛探索的过程。同时，也是编写团队记录、整理、学习，以及勤奋耕耘的过程。该丛书具体构成和分工如下：

《人民代表大会制度引论》，万其刚著；《人民代表大会制度发展历程》，万其刚著；《人大选举制度和任免制度》，徐丛华著；《人大立法制度》，主编：张生，副主编：刘舟祺、邹亚莎、罗冠男；《人大代表工作制度》，章林、李跃乾、刘福军、王仰飞编著；《人大讨论决定重大事项制度》，任佩文、吴克非、王亚楠编著；《人大监督制度》，吉卫国著；《人大会议制度》，陈家刚、蔡金花、隋斌斌著；《人大对外交往工作》，王柱国、陈佳美思、庞明、刘亚宁编著；《人大自身建设》，唐亮、万恒易、梁明编著；《人大选举和任免工作纪实》，主编：任佩文，副主编：王亚楠；《人大代表工作纪实》，主编：任佩文，副主编：吴克非；《人大会议工作纪实（目录）》，主编：李正斌，副主编：高嚣；《人大立法工作纪实（目录）》，主编：曾庆辉，副主编：邱晶；《人大监督工作纪实（目录）》，主编：曾庆辉，副主编：邱晶。

上述作者分别来自全国人大、北京市人大、安徽省人大、兰州市人大、人民代表报、中国社会科学院法学所、北京联合大学、西安交通大学、西北师范大学、江西师范大学、中共广东省委党校等单位，既有一直从事人大制度研究的学者，也有长期从事人大工作的实务工作者。

限于出版篇幅，丛书暂未收录地方人大相关文献；同时，适应出版新形态的需要，部分工作纪实将目录纸质出版，具体内容同步以数据库方式出版。参与数据库编纂工作的人员有杨积堂、周小华、王维国、崔英楠、曾庆辉、邱晶、李正斌、高翯、王柱国、陈佳美思、庞明、刘亚宁、任佩文、吴克非、王亚楠、刘宇、周悦、曹倩、赵树荣、姜素兰、王岩、魏启秀、沙作金、马磊、张新勇、李少军、喻思敏、钟志龙、王婷、邱纪贤、钮红然、祝蓉、陈敏、杨世禹、常晓璐、周义、王乔松、梅润生、杨娇、周鹏、李俊、杨蕙铭、徐博智、于森、陈东红、冯兆惠、石亚楠等同志。丛书由杨积堂和吴高盛担任执行总主编并负责统稿。

“中国特色社会主义根本政治制度——人民代表大会制度纪实”是所有参与人员努力协作的成果，由于时间跨度大，内容交叉多，为了尽可能反映70年来人大工作的全貌，各部分作者之间反复进行沟通、协调，力求内容准确全面，同时尽可能避免重复。在编写过程中，每一位作者、编辑都倾尽全力，以高度的责任感和使命感投入工作，翻阅了大量文献资料，进行了深入研究与探讨。虽然我们已竭尽全力，但深知丛书一定存在不足之处，我们期待着读者的反馈与建议，以便在未来不断改进和完善。

在丛书即将出版之际，我们要特别感谢全国人大图书馆为文献查阅提供的帮助和支持，感谢北京联合大学人民代表大会制度研究所从选题策划到最终编写全过程给予的大力支持。中国民主法制出版社刘海涛社长、贾兵伟副总经理带领团队，对丛书编写、审读、编辑、出版的每一个环节给予严谨的指导和热忱的帮助，责任编辑张霞、负责数据库开发的翟锦严谨、敬业，在此一并表达敬意和感谢。

习近平总书记强调：“人民代表大会制度，坚持中国共产党领导，坚持马克思主义国家学说的基本原则，适应人民民主专政的国体，有效保证国家沿着社会主义道路前进。人民代表大会制度，坚持国家一切权力属于人民，最大限度保障人民当家作主，把党的领导、人民当家作主、依法治国有机统一起来，有效保证国家治理跳出治乱兴衰的历史周期率。人民代表大会制度，正确处理事关国家前途命运的一系列重大政治关系，实现国家统一高效组织各项事业，维护国家统一和民族团结，有效保证国家政治生活既充满活力又安定有序。”值此全国人民代表大会成立70周年之际，我们希望这套丛书能够为人民代表大会制度研究和实务工作的更好开展尽绵薄之力，把国家根本政治制度坚持好、完善好、运行好、宣传好，努力开创人大工作新局面。

编　者